有限全球化

世界新秩序的诞生

郑永年　著

人民东方出版传媒

东方出版社

自 序

从"超级全球化"到"有限全球化"

2020 年初以来，新型冠状病毒爆发，疫情在全球持续蔓延，全球产业链、供应链受到波及。疫情促使欧美和日本等发达国家更强调自身的"经济主权"，全球化受到抑制，并可能会回归到 20 世纪 80 年代之前的国际贸易投资形式，部分产业回流本国。当各国都想方设法收回更多经济主权，全球化方向就会发生变化，即从之前的"超级全球化"变为"有限的全球化"。

具体来看，这次疫情中，美国欧洲等发达经济体，虽然具有最发达的医疗系统、公共卫生系统，但疫情发生后情况依然严峻和惨烈。其中一个重要原因是 20 世纪 80 年代以来的全球产业转移，使得口罩、洗手液、呼吸机等医疗物资产业链大量转移到中国等发展中国家，欧美国家自身的生产能力大幅降低。

中国在抗击新冠肺炎疫情中，之所以能在短期内取得巨大成效，不仅缘于全国统一行动的政治制度优势，也因为医疗物资产能相对充裕的经济优势。虽然刚开始医疗物资也曾出现短缺，但是随着产能快速提升，供应很快得以缓解，并且在国内疫情得到有效控制的情况下，向近 200 个国家和国际组织提供医疗物质。因此，疫情之后，各国无论从国民生命安全还是经济安全考虑，都会更多地把经济主权掌握在自己手里，全球化将转变为"有限的全球化"。在很大程度上，这个过程已经开始。

那么，这个过程是否像一些人认为的是"去中国化"？这个观点我并不同意。"去中国化"是指美国等国家将其在中国的企业强行迁回国内或者迁到越南、印度等其他国家。实际上，美国等国家主要把境外企业迁回本土，迁出的区域不仅包括中国也包括其他国家。一些国家想投资分散化，即避免投资过度集中在一个国家，这也是正常的经济考量。那些因为中国劳动力、土地和环保因素而迁到其他国家的企业更不能被视为是"去中国化"。不管如何，对供应链和产业链过度民族主义的解释无助于认识问题的本质和找到应付的有效方法。

从短期看，"有限的全球化"的确会对中国经济产生较大冲击。此次疫情对中国企业的影响至少体现在两个方面：其一，中国很多地方的企业复工之后，由于欧美国家的订单减少乃至消失，无法恢复正常生产；其二，疫情结束后，随着美国、日本等国家的企业迁出，将给中国带来比较大的产业调整成本。

但从长期看，中国将从"有限的全球化"中获益。一方面，西方产业不可能全部撤离；另一方面，西方企业撤离后让出的国内市场空间，中国企业可以迅速占领。中国目前是世界上产业链最齐全的国家，而且国内市场广阔，"有限的全球化"对中国企业来说也可以是很好的机会，不仅可以占领西方企业留下的产业链空间，还可以向产业链中的高附加值环节发展。

"有限的全球化"下，尽管美国、日本、韩国、东南亚等国家陆续会将部分企业迁回本国，但这也是一个较长的过程，不可能在一年半载完成，这些国家也不可能把所有的产业链迁回。就像我常说的"一个世界，两个市场"，即世界上存在分别以中国、美国为中心的两个巨大市场，美国市场和中国市场都不能放弃，产业关联情况则视具体情况而定。

后疫情时代，各国仍然需要通过进一步加强协作，共同应对危机，避免各国各自为战。在经历了数十年的超级全球化之后，没有一个国家可以在任何重大问题上独善其身。

本书中，笔者围绕"有限全球化：世界新秩序的诞生"这一主题，探讨了疫情中西方和中国的政治与科学、东西方"抗疫"话语权之争的谬误、后疫情时代的有限全球化、后疫情时代与中国的战略机遇等重大问题。详细分析了各国政府在疫情中如何处理政治与科学的关系、美国的种族主义情节、中国治理制度以及个人意志和责任担当等因素对防控疫情的作用和影响；详细分析了疫情在全球扩散中，各国政府抗疫成绩的巨大差异引发的中西方抗疫能力之争以及中西制度之争；详细分析了后疫情时代，中国经济的开放情况会发生哪些变化，哪些方案有助于中国经济复苏。

新型冠状病毒仍然在全球蔓延，已经对中国与西方世界的经济、世界秩序等都产生了巨大的影响。中国与西方世界接下来如何自我调适以在后疫情时代顺利、迅速复苏，是世界各国政府都要着重考虑的问题。笔者近一年来在对各国政府抗击疫情的情况、疫情对世界各方的影响以及后疫情时代世界格局的变化等作了仔细的研究和分析，这次根据"有限全球化：世界新秩序的诞生"这一主题将研究的相关内容汇集起来，遂成此书，以飨读者。

本书的出版要感谢东方出版社的许剑秋先生以及编辑陈丽娜女士、吴俊女士所做的编辑工作，由于他们的努力，才能这么快与读者见面。

郑永年

2021 年 1 月

目　录

第一章

政治与科学：
西方 vs 中国

一、抗疫的核心是政治与科学的关系

新型冠状病毒疫情在各国散播，各国抗疫成绩相去甚远。造成各国之间抗疫差异的因素有很多，但如何处理政治与科学之间的矛盾，无疑是一个最为核心的问题，处理得好，不仅疫情可以得到控制，社会经济也不至于损失惨重。

政治即利益表达，是不同利益之间的力量角力和平衡，无论是西方那样自下而上的利益表达，还是像中国那样的自上而下利益展现。科学则是如何最有效预防、阻断疫情的传播和拯救生命，不会把重点置于其他任何方面。

新型冠状病毒疫情中，政治和科学之间的矛盾既表现为生命与经济之间的关系，也表现在生命和个人自由之间的关系。再者，如何处理政治和科学之间的关系，本身就需要科学。

相对于西方国家尤其是英美国家，东亚社会的抗疫很显然是比较成功的，而成功的关键在于东亚政府在抗疫过程中，能够实现科学与政治之间的平衡。东亚社会的这个特征，和这些社会的技术官僚治国传统有很大的关联。技术官僚治国的一个主要特征，就是这个群体在诊断问题和寻找解决问题的方法时，不会去诉诸意识形态和政治考量，而是诉诸科学的理性和逻辑。韩国和新加坡等社会被西方视为抗疫的典范。

韩国和新加坡对一些社会群体（例如旅游者）使用了侵入式监控体系，来减缓病毒的流出速度，甚至阻隔病毒的传播，但对一般老百姓则没有采取过于极端的举措。这样做无非是要同时达到两个目标：抗疫和维持正常的经济社会生活。

政治过度导致抗疫不力

中国的举措更为有力一些，但很多方面也和亚洲其他社会类似。这也是有理由的。武汉（湖北）爆发疫情，中国中央政府断然作出封城（省）的决定。这种有力的举措拯救了无数生命，但也带来了重大的经济损失。但中国政府是否可以像后来韩国和新加坡政府那样，采取比较温和的政策从而减少经济损失呢？这些只是事后（诸葛亮）的解释。这些举措在当时的情况下无疑是正确的选择。

在很大程度上说，中国尽管牺牲了经济活动，但应对疫情扩散的方法，包括大规模的举国动员、跨省支援、"两山"医院建设、方舱医院的设置等，都表现出很大的科学性。换一句话说，尽管中国抗疫中也是有政治的，表现在早期地方政府对言论的过度管控上，但在全面抗疫开始之后，政府没有妨碍科学，而且政治助力科学方法的使用到了极致。

这种做法经常招致西方的批评，认为政府过于专制，违反自由人权，连方舱医院也被视为是新型"集中营"。但正是科学方法的使用，使得中国能够在短时间内有效地控制了疫情。用美国学者福山的话说，中国是非西方社会抗疫成功的例子。

西方是另一种情形。如果说中国是政治助力科学，西方可以说是政治凌驾于科学。政治过度而科学不足是很多西方国家政府抗疫不力的一个主要原因，尤其是被视为西方民主典范的英、美两国。

英国卫生部 2020 年 5 月 5 日公布，全英国已经有 2.94 万人死于新型冠状病毒，这意味着英国已经超越了意大利，成为新冠死亡人数第二高的国家，仅排在美国之后。从疫情一开始，约翰逊政府一直被各界批评反应不足，包括过早放弃检测和追踪的围堵策略，封城举措远远落后于欧洲其他国家，甚至首相及卫生部长也曾经确诊。英国分析家认为，这是英国约翰逊政府政治凌驾于科学之上造成的。

包括英国在内的一些西方国家一直在抱怨中国早期的行为，认为是中国的"隐瞒"和"迟疑"导致了疫情在全世界的流行。不过，这种推责行为解释不了这些国家本身为什么那么迟疑。世界卫生组织 2020 年 1 月 30 日将新型冠状病毒疫情列为"国际公共卫生紧急事件"，而英国本身次日也确诊了两例感染者，均为中国公民。

不过，约翰逊政府在 2020 年 2 月初仍然沉浸在脱欧的喜庆之中，并发表庆祝脱欧的演说。媒体也发现，首相缺席了多场商讨抗疫对策的"内阁办公室简报室"会议，显示首相对疫情并不重视和关心。英国政府的抗疫决定，也一直被批缺乏透明度，"内阁办公室简报室"会议一直是秘密的。尽管政府也参考了"紧急事件科学顾问小组"的科学建议，但一直没有公开小组成员的名单。这个专家小组早就预警，如果不采取有效举措，英国到 2020 年 3 月初，八成人口会感染，但首相仍然只建议民众多洗手，也称自己探访医院时有跟每一个人握手。政治对科学的蔑视和分歧是显然的。连西方媒体都用激烈的语气，批评他们的总统或者首相出现在公众场合时不戴口罩的行为。

英国政府在 2020 年 3 月 12 日透露，已经结束抗疫计划第一阶段，由通过检测和追踪以围堵病毒改为纾缓政策，要求所有出现症状者自我隔离一周，但社交距离举措及停课安排仍在考量之中。很多人认为，英国政府一开始就不应该放弃围堵策略。首席科学顾问瓦兰斯（Patrick Vallance）提出"群体免疫论"，即让全国六成人口感染以产生免疫力，长远保护整个社区。这在英国引起极大争议。当时英国已经有近 800 宗病例，但许多大型活动仍在进行。与此同时，意大利、法国和西班牙已经相继封城，德国则采取严格的社交距离举措，并推行大规模的检测及追踪。之后，英国政府又倒转回头，多次强调群体免疫只是科学概念，并非实际的抗疫政策的一部分。

2020 年 3 月 16 日，由帝国理工学院流行病权威专家弗格森（Neil Ferguson）所带领的研究团队发表了一份研究报告，被外界视为逆转英国政府抗疫态度的关键。根据这份报告的推算，如果继续采取纾缓政策而非围堵策略，英国的国民保健服务（NHS）将超负荷，或导致 25 万人死亡。之后的一周，政府内部就是否应该封城展开激烈辩论。

尽管卫生官员认为封城势在必行，但财政官员担心封城会影响经济活动。不管如何，这场争论浪费了大量的时间。在政策争论期间，病毒在加速流行，但老百姓生活如常。直到 3 月 20 日政府才下令关闭学校、酒吧、饭店和其他社交场所，23 日才实施封城。

在美国，政治凌驾科学的情况比英国更为糟糕。抗疫开始迄今，美国抗疫故事每天似乎是围绕着行政权力，即总统和科学家、专家群体之间的矛盾而展开的。总统和国会围绕着如何应付美国的经济问题而有过互动和交锋，但并不是主线。

美国政治如何凌驾科学

政治凌驾科学在三个层面展开。首先是政治人物个人层面的政治。这里特朗普无疑是主角。特朗普为了其个人权力、选举等考量，不惜否定专家的科学建议。特朗普上任以来屡屡否定与其立场相违，甚至指正其错误的权威意见与措施，以扩张其个人权威。这次疫情中，特朗普把这种情况推到了极端。总统多次无视美国疾病控制与预防中心（CDC）官员及其他专家基于科学的建议，淡化疫情，提出未经证实的疗法。

特朗普甚至建议用注射消毒液的方法，来杀死人体内的冠状病毒。尽管他稍后否定，但美国已经有老百姓按照总统的方法做了。总统个人的傲慢也导致了白宫的失守，一些工作人员确诊感染冠状病毒。总统个人在要不要戴口罩的问题上浪费了很多时间，最终决定戴了，但总统本人还是经常不戴，连白宫工作人员也搞不清楚新型冠状病毒疫情期间的行为规则。

个人利益也表现在一些国会议员在疫情期间利用内部消息出让股票的事例中。

其次是利益集团层面的政治。这主要表现在对经济重要还是生命重要的争论及其相关的政策之中。美国的很多保守派政治人物，无论在联邦层面还是州和地方层面，一直把经济置于生命之前，甚至公开主张为了经济可以不惜牺牲人民的生命。尽管这种争论不可避免，但经济重于生命的理念，的确影响着无论是联邦政府还是地方政府的抗疫政策的有效性。

近来，尽管新冠确诊病例仍在上升，白宫表示，由于国家在抗疫上已经取得巨大进展，由其领导的白宫抗疫工作小组会很快解散，改由各联邦部门协调抗疫。但美国的多个专家模型预测均显示，如果美国恢复正常活动重开经济，确诊和死亡数字将激增。各种民调也显示，过半美国人对解封仍感不安。面对批评，特朗普又改口，称抗疫小组工作出色，会无限期延续，但同时会把重点放在"安全和重开国家、疫苗、治疗"等方面。

根据美国媒体报道，CDC 在 2020 年 4 月制定了供地方官员决定如何按部就班恢复正常社会生活的系列具体建议，但遭白宫搁置，因为"指引"有违特朗普让各州自行决定是否解封的策略。白宫阻挠 CDC 的报告，变相将防疫举措实施转嫁给各州甚至企业本身。一些共和党掌控的州为保经济而急于重启经济，而民主党掌控的州继续抗疫。

其三，在国际层面，美国总统和高官都竭力想把新冠病毒扩散的责任推给中国。尽管包括美国在内的各国科学界共同体，对新冠病毒的起源仍然处于研究阶段，但美国的政界和保守派媒体不断制造着种种有关新冠病毒的"理论"，如"中国起源论""中国责任论"和"中国赔偿论"，等等，试图把自己抗疫不力的责任推给中国。

共和党试图把"中国责任"作为特朗普保持总统职位的竞选议程。美国更想通过"五眼联盟"炮制推责中国的"病毒阴谋论"。美国过分的做法，甚至招致一些联盟成员也开始和美国保持距离。之前，在所谓伊拉克拥有大规模杀伤性武器问题上，美国的盟友曾经听信美国，犯了大错。

尽管因为政治所驱，各国都出现了推责的言论，但没有任何一个国家像美国那样，有那么多的高官和国会议员，把那么多的精力放在推责给中国上。人们可以设想，如果这些官员和政治人物把精力投入到抗疫，可以拯救多少生命呢！

在西方国家中，德国无疑是抗疫的一个典范。德国新冠死亡率仅2%，远远低于意大利的13%和西班牙的10%。这里面的因素有很多，但德国领导层能够在政治和科学之间达成平衡，无疑是关键因素。正如美国人把美国疫情的扩散归诸总统特朗普，德国人把德国抗疫的成功归于其总理默克尔的强有力领导。尽管在疫情早期，默克尔因在欧洲未能发挥足够有力的领导作用而受到批评，但德国采取的有效应对举措，受到广泛的赞誉。

作为科班出身的物理学家，默克尔遵循科学建议，并虚心地从其他国家的最佳实践中学习。美国拥有一些世界上最杰出以及最聪明的科学人才，但特朗普不仅没有听取他们的意见，反而经常与科学家闹意见。默克尔则全然不同，她所依靠的德国国家科学院团队，不仅包括医学专家和经济学家，还包括行为心理学家、教育专家、社会学家、哲学家和宪法专家。

在任何国家，政治是客观存在的，也不可或缺。在民主国家，政治被视为防止政治人物为了自己的个人利益或者其所代表的党派利益而去专权的有效途径。但如果政治凌驾了科学，就很难找到最有效的方法去挽救老百姓的生命。恢复经济活动也并非没有道理，因为如果社会停摆，经济垮了，就会产生其他更多的问题。

历史地看，随着企业的大量倒闭，失业人口大量上升，民众生计困难，大规模的社会恐慌不可避免，同时也会造成成千上万的人因吸毒、心脏病、抑郁症等跟经济受挫有关的问题而死亡。因此，恢复经济运转有其必要性。问题在于如何科学地逐步开放，而非根据意识形态来进行。

如何达成政治和科学之间的平衡？这是各国政府面临的问题。至少到目前为止，东亚社会在这方面的表现要远远优于西方社会。

二、美国（西方）的种族主义情节

人类的历史就是一部不断与病毒作斗争的历史。每当一种新病毒出现，它不仅仅是一个社会、一个国家的敌人，而是所有社会、所有国家的敌人，需要国际社会的合作来共同应对。但是，在需要国际合作的时候，美国和西方一些国家针对中国或华人的种族话语和行为也在快速死灰复燃。

《华尔街日报》2020年2月3日公然以《中国是亚洲真正的病夫》（"China is the Real Sick Man of Asia"）为题发表米德（Walter Russell Mead）所撰的文章。不管作者对中国问题的看法如何，一份西方主流媒体竟然使用如此赤裸裸的种族主义的标题，意涵深刻。《华盛顿邮报》2020年2月5日发表潘文（John Pomfret）的文章《新型冠状病毒重新唤醒针对中国人的种族主义老旋律》（"The Coronavirus Reawakens Old Racist Tropes against Chinese People"），讨论美国再次日渐成长的反华人社会情绪。其他一些主流媒体也注意到这种新趋势。实际上，美国和西方一些国家的对华"隔离"政策和过度反应，也不言自明地隐含着浓厚的种族主义因素。

美国和西方一些国家的种族主义行为根深蒂固。前不久，时任美国国务院政策规划办公室主任斯金纳在论及中美关系时强调，美国和中国的关系"是与一种完全不同的文明和不同意识形态之间的斗争，美国以前从未经历过"，并说"这是我们第一次面临一个非白人的强大竞争对手"。这番言论再次把美国学者亨廷顿在20世纪90年代初提出的文明冲突理论推到美国外交政策的前沿。尽管在盛行"政治上正确"多年的美国，基于种族的外交理论已经不为大多数人所认可和接受，但这种在历史上曾经产生巨大作用的理论，已经在潜意识层面成为一些人的种族情结，一旦有机会，就会重返美国的外交话语。

种族主义理论加快抬头

随着中美关系的持续恶化，人们没有任何理由轻视或忽视这种种族主义理论的加快抬头。就国际关系而言，今天美国和西方世界最担忧的，就是西方主导的"自由国际秩序"所面临的严峻挑战。西方"自由国际秩序"的基础在于其内政，或者说，外部"自由国际秩序"是其内部"自由民主秩序"的延伸。今天西方所面临的挑战主要是内部秩序出现了问题，影响到其外部秩序。不过，西方并不这样看；相反，西方普遍认为，对西方"自由国际秩序"的最大挑战来自外部，尤其是中国和俄罗斯。美国也已经把中国和俄罗斯正式视为美国最大的对手。对美国来说，如何应对中国自然变成美国外交的最高议程。要有效应对中国，就要有一种理论指导，就如第二次世界大战之后凯南（George Kennan）的《X 文章》（"X Article"）成为美国遏制苏联的冷战理论一样。

自由主义起源于西方，所谓的自由主义国际秩序也是由西方所确立，这个过程不可避免地使得这个秩序具有种族性质，不管人们承认与否。在西方内部，因为各国内部历史、文化和现实国情的不同，从来不存在一种统一的西方自由主义；或者说，自由主义在西方各国的表现形式是不同的。在国际层面，因为西方各国国家利益不同，他们所理解的自由主义也不同，企图用自由主义来构建世界秩序的方法也不同。也就是说，自由主义从来就具有多元性，从来不存在一个"一元化"的自由主义或"自由国际秩序"。

但是，就种族而言，西方自由主义又存在一个高度统一的认同，即世界被简单地分成"白人与非白人"或"西方与非西方"，而"白人"和"西方"的目的就是整个国际秩序"自由主义化"。更重要的是，因为内政是外交的基础，"自由国际秩序"的基础是内政，所以西方在确立"自由国际秩序"的同时，必须把这个体系的成员国的内政"自由化"。

在这个理论认知下，干预他国内政或当代所说的"政权变更"，也成了西方外交（尤其是英美国家）的一个主体。英国剑桥大学政治理论家邓恩（John Dunn）认为，英美政治理论是基于"价值"的理论。人们也可以将此延伸到外交，即英美外交是基于"价值"的外交。"价值"又意味着什么？英国学者任格（N. J. Rengger）对此解释得很好，那就是要回答两个相关的问题，即"我是谁"和"我要做什么"。对这两个问题的终结回答又可回到宗教，答案即"我是上帝的子民，要执行上帝的意志"。从这个角度来说，无论是过去西方和非西方的宗教冲突，还是今天所说的"文明冲突"，背后的价值逻辑都是一样的。

历史地看，自由主义的发展和扩散有一个过程，即从西方到非西方。从发展次序来看，自由主义要先解决西方内部的问题，然后才解决西方和非西方的问题。

法国启蒙运动和法国革命所确立的"自由、平等和博爱"，可以说是自由主义的核心，被视为具有普世性。启蒙运动思想家不仅要在法国实现这些价值，还要把这些价值推广到全世界。启蒙思想家孔多塞（de Condorcet）就认为，西方要扮演"慷慨的解放者"角色，把那些受"神圣"但专制和愚昧的征服者统治的人解放出来。另一思想家卢梭（Jean-Jacques Rousseau）更为激进，他甚至提出了"强迫自由"的理论，认为如果人们不要自由，就要"强迫他们获取自由"。

这些理论不仅对西方的内部发展产生了巨大的影响，更成为西方殖民主义和帝国主义外交政策的主导思想。例如，法国努力通过殖民地政策，把这些价值销往被其统治的殖民地，尤其在非洲，并且把这些国家视为势力范围。在很多年里，法国在非洲对美国的防备，甚于对苏联的防备，因为法国很担心法国的"自由价值"会被美国所代表的"自由价值"所取代。

白人优越论成为西方主流意识形态

这里指向了西方不同国家所持的不同自由价值观。的确，在美国走向整个世界舞台之前，为了和欧洲国家争夺势力范围，美国针对周边国家提出了"自由主义价值观"，和美洲国家一起提出和确立了"睦邻友好"、"不干预"、民主、和平和正义等原则。

尽管在向非西方扩张的过程中，西方国家之间存在竞争，甚至导致了它们之间的战争，但西方的所有扩张都有一个统一的理论认知，即"白人优越论"。这一理论在19世纪和20世纪初达到了顶峰，成为国际秩序广泛使用的理论。当时，西方认为世界上只存在一个文明标准，即西方文明，说西方即说文明，说文明即说西方。"白人优越论"成为西方主流意识形态，背后既有西方的硬力量，也有西方的软力量，硬力量以经济军事力量为代表。经过近代以来的工业化，西方在经济、军事和社会等各方面成为全方位的强权，没有任何非西方国家能够和西方国家相比。1904年至1905年的日俄战争中，日本打败俄国，这是唯一的例外；但日本的成功恰恰被视为"西方化"的结果。

软力量方面，19世纪出现了社会达尔文主义，并且很快在西方流行，为西方所接受，成为主体意识形态，为西方"自由主义"在全球范围内的扩张提供了理论基础。达尔文提出"物竞天择、适者生存"的进化论，他并没有明确把"进化"理解成"进步"，尽管他似乎默许这种理解。社会达尔文主义则把达尔文的物种进化理论应用于解释社会发展。因为西方"物种"强大（打败了其他国家），所以西方是先进的、进步的、文明的、道德的。在殖民地和帝国主义那里，"白人"与"非白人"的区别完全取代了其他所有类型的区别，包括民族、宗教和国家的多样性。

在欧洲发源和发展起来的"白人优越论"也很快传到美国。19世纪，美国盛行"白人至上"（White Only）理论，借此应对数千万来自中国和印度的新移民。美国同样将此应用到国际事务。人们不应当忘记，今天美国在国际关系和外交领域最重要的政策杂志《外交事务》（*Foreign Affairs*）的前身就是《种族发展杂志》（*Journal of Race Development*）。《种族发展杂志》于1910年创刊，关注美国的外交事务，后改称《国际关系杂志》（*Journal of International Relations*），1922年再改名成为今天的《外交事务》。

19世纪生物学意义上的种族主义，到了20世纪的第二次世界大战之后就被文化多元主义所取代。这种转型主要不是因为西方改变了对非西方的看法，而是因为西方内部的血腥种族屠杀。第二次世界大战期间，德国希特勒对犹太民族进行大屠杀，导致近600万欧洲犹太人死亡。

20世纪70年代开始，西方国家内部少数民族的民权运动崛起，尤其是美国黑人民权运动，西方国家对种族问题的看法有所改变，至少有所收敛。"文化多元主义"因此崛起，在美国表现为"大熔炉理论"，相信西方文明能够包容甚至消化来自不同种族的社会群体。在学术和政策界，人们自觉地不去谈论一些敏感问题（种族问题就是其中之一），形成"政治上的正确"原则。

但是，在美国"9·11事件"之后，情况有了急剧变化。在世界范围内，亨廷顿所提出的"文明冲突论"被视为得到证实。之后，亨廷顿更是专门出版著作《我们是谁？对美国国家认同的挑战》，对美国白人数量的减少和其他民族人口的增加表示了极大的担忧，并且把此现象称为对美国国家安全的威胁。之后，不同形式的恐怖主义发生在欧洲诸国。西方开始对西方文明的包容能力产生怀疑，知识界和政治人物开始公开承认文化多元主义的失败。这也构成了这些年来整个西方围绕着移民和恐怖主义的政策争论的背景。

非西方的种族主义思维

经验地看，在西方的外交政策中，种族因素从来就没有消失过，也不会消失。在不同背景下，人们可以收敛一些，或者虚伪一些，但种族主义还是会不时以不同的方式浮上台面，并发挥政策作用。从中世纪的"宗教"（上帝），到近代的"种族"（白人优越论），再到当代的"民主自由价值"（价值同盟），其理论和行为逻辑都是高度一致的。

更糟糕的是，很多非西方国家因为长期受西方统治，人们已经在潜意识层面接受了这一认知。日本学习西方而崛起，很快成为军国主义者，试图以此来证明"大和"民族较之亚洲其他民族的优越性，至少可以实现和西方平起平坐的目标。直到今天，很多非西方国家的社会群体仍然处于"思想殖民"状态，对西方抱有幻想。

在一些地方，人们的思想和行为与西方比较有过之而无不及，一些人为了一些具体的利益，通过各种工具和手段，人为地创造变相的"民族"或"种族"，例如强化不同社会群体之间的不同"认同"和制造他们之间的冲突，例如"先来者"对"后来者"、"本地人"对"外来人"、"民主"对"专制"，等等。这些所谓的"准民族"已经导致政治纠纷和冲突，未来也必将造成更大、更为强烈的冲突。

不过，更为宏观地看，随着非西方国家的崛起，尤其是中国、俄罗斯和印度等文明国家的崛起，西方的种族主义有可能得到制衡和遏制。以现实主义来说，国际关系上各方面的平等（包括种族）与国家间的权力制衡有关。中国、俄罗斯和印度都是基于文明的国家，拥有自己独特的价值体系。这意味着一个多元国际秩序的崛起，不可避免地成为世界未来的发展方向。多元国际秩序的基础不仅仅是硬力量，更包含以价值为核心的软力量。也就是说，未来的世界是一个诸"神"共存的世界。

三、疫情与中国治理制度

很多社会，一旦遇到类似 2003 年"非典"或今天新型冠状病毒那样的大规模疫情，都会出现严峻的社会治理问题。尽管人们盼望理性，但理性在疫情发生时往往变得非常难得，甚至不可能，因为疫情会导致大规模的心理恐慌。这个时候，政府部门必然会采取一些特殊或额外的举措，这些举措往往会被人们从不同角度加以指责。

但如果政府部门不采取特殊举措，惊恐的人们就会自发地采取这些举措，甚至采取更为极端的措施。这些非寻常或极端的举措是否有效已经不是问题的关键，因为在很多人看来，有比没有好，至少满足一种心理的需要。

如果说一旦出现疫情，这种极端行为不可避免，那么在日常和一般的制度设计中，就必须考虑到类似特殊情形的出现，以便减少甚至避免极端举措的使用。人类的制度实践已经使得一种科学的制度设计成为可能。就中国来说，这涉及诸多方面的制度设计问题。

首先是中央与地方的关系问题。在中国的单一制体制下，理论上说，地方政府的权力来自上级政府的"授权"；或者说，从法理看，地方政府只是中央政府的派出机构，而非独立于中央的机构。但在权力操作层面，无论是中央还是地方，很难根据理论和法律规定来行动，因为如果完全根据理论和法律来行动，就会出现很多问题，导致治理危机。

中央和地方的关系理论上表现为委托者和代理者的关系，但两者的关系并非简单的授权关系，因为代理者（地方政府）对事物有自己的考量，其行为会出现和中央（委托者）不一致的情况。因此，中央政府要设计一些制度规则，使得两者保持一致。这样做有其积极的一面，也有消极的一面。积极之处在于保持了法律和政策的一致性，消极之处就是忽视了地方差异，使得法律和政策难以落实下去。

再者，单一制国家假定地方政府只是执行者，而不是决策者。事实上，地方政府也是一级政府，并非仅仅是中央的代理。有很多方面需要地方官员的直接决策，而非简单地等待和听从中央的决策。如果太过于集权，中央政府就会面临信息收集、信息传送的时间、中央官员对信息的判断等问题。

更重要的是，即使中央政府获得完整的地方信息，决策时也要考虑到全社会的利益。这里涉及局部和整体的关系。一条信息在中央层面的公布会不会造成全社会的惊恐？要不要将此信息发布为一个全国性的"新闻"，抑或控制在局部地区发布？这些都是必须考虑的。这种多因素的考虑和决策需要时间，所以在实际层面往往拖延了信息的发布和传播。

新型冠状病毒的扩散就说明了这一点。武汉原市长辩护说没有瞒报信息，而是根据法律和政府规定发布的。但即使没有故意瞒报，在普通百姓看来，已经造成瞒报的实际效果，导致社会的恐慌。疫情和其他事件不一样，因为涉及整个社会，无论哪一级政府都很难通过内部运作来解决问题。

须以制度安排来解决疫情

其次是地方政府与社会的问题。在疫情问题上，地方政府面临的问题是有无独立的决策权。地方受制于各种制度和法律因素，并且夹在中央和地方社会之间，在决策方面权力有限，决策与不决策都必须承担风险。地方的授权来自上级，但也面临来自当地社会的直接压力。如果仅仅"唯上"，出了问题就会面临社会的压力，而来自社会的压力大到一定程度，同样会引来中央政府的问责；如果直接向社会负责，表明地方政府首先必须考虑地方的利益，而在一定程度上"忽视"全局利益，这又会面临来自上级的压力。可以看到，推迟发布信息、少报、瞒报等现象都在这样一个行为逻辑过程中产生，有其必然性。

经验地看，这不仅是中国的问题，也是很多国家都面临的问题，必须通过很多制度安排来解决。单一制体制下存在的问题，可以借用一些联邦体制的方法。实际上，中国在很长时间里曾经实施"行为联邦"的方法。"行为联邦"不是西方那种宪政或法理上的联邦，而是具体操作或政策设计和执行行为上的联邦，它满足了单一制体制集权但在很多方面又必须分权的需要。

在行为联邦体制下，一些领域由中央政府统筹，中央权力"一竿子插到底"，深入各个地方，便于中央政府直接收集和处理信息，并在此基础上作出科学决策。在另外一些领域，中央干脆就完全授权地方，让地方政府来决策和执行。尽管"行为联邦"这种非制度化的特征，给单一制体制下的中央地方关系带来弹性，但也阻碍了中央地方关系的制度化发展。

从国际层面来看，第二次世界大战以来，从前非常分权的联邦体制呈现出越来越集权的现象，表明中央（联邦）政府在当代社会所承担的功能和责任越来越多。中央政府的权力不仅仅限制在传统的外交和军事领域，也几乎涉及政治、经济、社会的各个重要方面，包括财政、金融、社会保障、公共卫生等。

因此，中国的选择有二，要么授权地方，要么完全集权到中央。授权地方表明要在法律和制度上给地方高度自主的决策权和执行权。在地方能力不足的情况下，可以求助于中央政府。完全集中中央意味着中央政府要在各个地方设立直接属于自己的机构，一切都由中央政府来统筹，中央权力直接深入地方。

也就是说，这些中央机构和地方政府没有任何关系，直接由中央机构收集、处理信息和决策。中央政府也可动用当地或其他地方的力量来执行。要这样做，就必须改变目前单一制下的一些制度安排，一方面进行选择性集权，把一些被视为具有全国性意义的权力集中上来，重组中央权力的组织体系；另一方面进行选择性分权，把一些被视为只具有地方意义的权力全部下放给地方，让地方担负全部责任。

保证"非授权"权力

再次是专业人员的角色。在防疫领域，这里主要指医生和其他专业人员的权力。专业或广义上的知识权力属于"非授权"的权力，因为尽管专业人员并不是政府的一部分，但他们具有巨大的社会影响力。这里有几个问题要处理。第一是专业人员的独立性，制度必须保障他们只是从专业出发而决策或判断，不是出于任何其他目的作判断。第二，制度也必须保障他们能够在决策与执行过程中具有实质的权力。

在民主社会，"非授权"的权力经常被质疑，因为这种权力来自知识和经验，而非选票。实际上，在治理当代复杂社会过程中，这种权力不仅客观存在，而且正变得越来越重要，有些时候甚至发挥比政治权力更大的社会影响力。

在类似"非典"和新型冠状病毒等医学领域，社会对专家的信任度会远远高于对政治人物的信任度。当然，知识的权力不仅仅限于医学领域，在很多其他领域都是这样的，中央银行的独立性也是另外一个典型的例子。在很大程度上说，离开了知识的权力，现代社会的治理就寸步难行。

或者说，在现代社会，没有知识含量的权力就不能被称为权力。这也就是在当代世界，传统意义上的政治权力的行使越来越困难的主要原因。要充分发挥专业人士的作用，行使好专业的知识权力，就必须处理好正式系统的政治权力（或者正式授权的权力）与"非授权"的知识权力的关系。专业权力如果没有足够的制度空间，行使起来会非常困难，也会遭遇巨大的政治风险。

同时，也要看到知识权力的性质是多元的，因为知识本身是开放的，专家不可能只有一种意见，大家从不同的角度发表意见。专家从专业和职业道德发表意见，而不是从任何其他的考量发表意见，这种多元性不仅不会造成矛盾（对同一件事物的不同看法），反而会形成一种知识间的互相制衡，从而减少甚至避免知识上的错误。

最后是社会（包括社会组织、宗教组织和企业家群体）的角色。因为现代社会的复杂性，社会组织或社会力量在社会治理过程中的作用越来越大。从全球范围来看，自第二次世界大战以来，非政府组织得到快速的发展。这不是因为人们所说的"政治参与"的需要，而是现代社会运作的内在需要。很多非政府组织并没有任何政治性，也没有政治参与的需求和意向，而是专注于提供社会服务。

应对疫情的社会力量

就疫情的社会治理来说，社会力量的作用不言自明。疫情具有高度的社会性，社会组织本来就是社会的一部分，具有很大的能力收集真实的信息。应当说，社会系统的存在和运作，与正式系统并不矛盾，如果后者把前者视为"帮手"的话。社会力量在提供服务方面的功能表现得更为突出。一般说来，政府的对口单位还是政府或地方组织，但非政府组织对口的是社会，甚至是社会的个体。点对点（P2P）的方式很难在政府系统中实现，对非政府组织来说则不难。在互联网和社交媒体时代，社会组织在提供这种个性化服务过程中的作用越来越大。

不过，非政府组织在应对危机过程中的角色也应当得到监督。人们不能简单地认为，所有的非政府组织都是"行善"的，因为即使在灾难面前也会有人"行恶"。避免社会力量"行恶"可以通过控制来实现。一是通过政府系统特别是法的监管和规制，二是通过社会力量本来就是多元的特点，实现它们之间的互相监督和制衡。

社会力量之间的互相制衡和监督，甚至比政府的监督更为重要，原因很简单，社会力量比政府更能深入民间，更了解民情。在这次新型冠状病毒扩散的过程中，社会力量和非政府组织在这方面的作用出现了很多问题，甚至是缺位的，主要是和正式系统之间的矛盾，例如非政府组织经常得不到正式系统的"授权"因而不能作为。

和专业人士群体一样，社会组织是否可以获得"非授权"的权力，而在其中扮演一个更为重要的角色呢？客观上的需要已经显现出来，但没有反映在各种制度安排上。上次"非典"之后，人们把重点放在公共卫生的正式系统建设上，而没有把非政府组织系统考虑在内。实际上，"非典"之后，中国非政府组织成长很快，尤其在经济发达的地区。但后来非政府组织的发展戛然而止，因为人们对非政府组织做了过度政治化的解读。不管人们喜欢与否，如果不能把社会力量纳入社会治理的大系统，任何社会治理都会出现缺口。

除了这些客观的制度安排，疫情非常时期的官员任用也极为关键。制度是人使用的，是人活动的舞台，所以官员的素质和类型非常重要。同样一个制度平台，不同的人使用会产生全然不同的效果。今天人们怀念"非典"期间那些活跃在制度平台上的官员，并不是因为当时的平台比今天的好，而是因为那时的官员比现在的更有作为。

所以必须在疫情期间组建一个既具有专业知识水平，又能有所作为的任务团队，并且能够得到充分的授权。这样一个团队的重要性不仅仅是其解决问题的能力，更重要的是其能够给予社会信心，相信困难终究会过去。在疫情时期，社会对政府的信任比什么都重要。如果能够结合专家知识的权力和这个特殊任务团队的权力，无论对遏制疫情还是稳定社会，必然会带来超乎预期的效果。

不管怎么说，治理疫情期间的社会是一个综合的制度和政策工程。对现代复杂社会的治理不能简单用集权或分权来概括。人们必须寻求一种可以结合集权和分权的体制，既需要高度的中央集权，因为疫情涉及整个社会，又需要高度的地方自治，因为治理的对象是具体的地方社会。

互联网和社交媒体的广泛使用、人口的大规模流动、大城市化等因素，更是在呼吁兼具集权与分权的复合型治理体制的出现。在这个体制内，人人都是利益相关者，人人都有一份责任来维护好的公共品（public goods），而避免坏的公共品（public bads）。

四、个人意志、责任担当与群体抗疫

在任何社会，当大规模疫情发生和扩散时，抗疫便是群体行为；没有群体的努力，个人在疫情面前会显得极其渺小，世界会变得毫无希望。不过，群体抗疫如果要有效，最终还是要落实到身在其中的每一个人、个人的意志和个人的责任担当。因此，疫情不仅是对制度的检验，更是对国民性的检验。

新型冠状病毒疫情扩散后，中国进入一个举国上下的动员状态。这里人们既看到了希望，也看到了悲哀。希望的一面是人们组织起来，无论是正式政府系统还是非正式的自愿者，一旦组织起来，便显示出了无限的力量，医生、护士、政府官员、军人、志愿者、普通百姓，大家在各自的岗位上全力对抗疫情，他们的努力和背后的精神为世界瞩目和惊叹。

悲哀的一面是在个体层面，看不到被高度组织化的群体之外的人们的自由意志和责任担当；随处可见的是把自己的责任最小化，甚至是毫无个人责任感，而把别人的责任无限放大的个体，似乎抗疫不是自己的事情，而是别人的事情。

个体责任的缺失在疫情期间的社交媒体上表现得异常明显。社交媒体可以说像个放大器，把社会的真实面搬到了平台上。一方面，社交媒体平台把不能通过传统媒体反映的事情反映出来，尽管不是那么完整，但也为相关方提供了一些非常宝贵的信息，只要人们足够细心，总能够找到有用的真实信息；但另一方面，社交媒体也赤裸裸地显露出人性的丑恶面。有一些平台为追求流量而消费各种极端事件，道德化和妖魔化的语言比比皆是，甚至制造或者传播谣言。

尽管多数社交媒体本意在于传播事实，但社交媒体表现出来的更多的是一片喧嚣和集体亢奋，甚至把他人的悲哀当成自己的娱乐源。尽管骂声遍地，但都是对他人的无限度指责，不见有任何的自我反思。除了制造一种气氛，或悲或喜，或愤怒或恐慌，不仅无利于抗疫，而且最后什么都留不下来，促成不了愤怒者们宣称所要实现的任何变化。

危机面前人的表现

如何理解这场危机及人们在危机面前的表现？危机是群体性的，但群体性危机是这个社会每一个人选择的结果。每一个人选择的总和，既造就了人们所看到的现时局面，也决定这个局面的未来走向。实际上，在这样一个危机时刻，个人意志和基于个人意志之上的选择足以影响全局。也在这个时刻，尽管没有任何个人能够强制另一个人作怎样的选择，但每一个人的个体选择决定这场危机的性质、发展路径和未来。

李文亮医生的选择是一个很好的说明。李文亮在作选择的时候，就是一个平常人的一个理性而诚实的选择，或许只是为了家人、同仁、朋友的安全，才把有关疫情的信息公之于自己的微信朋友圈。他并没有想哗众取宠，成为一个特别的人物；相反，他只是觉得把这个信息发到微信朋友圈，是基于对自己在意的人的责任，或者道义的选择。任何选择不仅有代价，也是有结果的。就李文亮来说，他并没有想成为英雄，但结果让他成为了人们心目中的英雄；也没有想拯救世界，但至少拯救了世界上的很多人。

反之，疫情发生的初始阶段，其他的知情者，包括地方官员、疾病控制官员、精英大学的学者等，他们又作了怎样的选择呢？如果所有这些群体有责任担当，又有像李文亮那样的个人意志，把疫情的信息以任何方式传播出去，现在的情况或许会有很大不同。不过，他们作了他们的选择。地方官员或许受制于各种制度或政策制约，或者主动依照规则限制信息传播。

疾控官员和大学学者则选择了写文章，向国际刊物投稿。这些群体都可以找到一大堆理由，来论证自己当时的选择是正确或理性的。没有人会质疑他们作选择的难处，也相信他们的选择有"不得不"的理由。但是无论如何解释，依然必须指出，在疫情发生的初始阶段，作为知情者的他们缺少了责任担当和基于责任担当的个人自由意志。

无论怎样的社会，任何选择都需要受环境的制约（包括文化、制度和政策）。所谓的"选择"是指在各种环境制约面前的"选择"。美国被视为最典型的自由民主社会，在很多人眼里拥有几乎"完美"的言论自由，但为什么美国还需要"吹哨人"，还需要保护"吹哨人"的制度安排呢？这从一个侧面说明，任何一个社会，不管多么自由，自由都是有外在制约的。但是，因为外在制约而选择了"不自由"，只是一个方便的借口，本质上还是缺乏自由意志和责任担当。

社会个体的责任与担当

英国是自由主义的发源地。在早期，说"自由"就是说"责任"。自由是就自我而言的，而责任则是就与自我相对的他者，或者自我之外的群体而言。即使是人们高度重视的言论自由，也是具有责任和边界的，西方很多国家因此有反诽谤的法律，就是要彰显言论自由的社会责任；而这种社会责任必须为每一个享受言论自由的社会成员所履行，并且有法律制度保障。

但对很多人来说，具有制度制约的自由是远远不够的。近代德国的哲学家因此转向了个人意志的自由，意志的自由才体现出个体的自由本质。到了尼采的哲学，强调个人意志到了一个顶峰。在尼采看来，只有具备了强大的个人意志才有个人自由可言。尼采的哲学受到传统自由主义的谴责，认为过于强调个人意志会导致个人英雄主义的出现，可能会为世界带来灾难。但是，强调个人意志的自由在法国的存在主义者（尤其在萨特、加缪等）那里得到了发扬光大。

存在主义强调存在先于本质，也就是说，人与其说是社会制约的产物，倒不如说是自己选择的结果。人存在的本质不是被上帝或神决定的，所以人要从具有压迫性的、在精神上具有摧毁性的"传统顺从"中解放出来，追求自身真实的"存在"。人成为英雄还是失败者，都是自己选择的结果。

再者，不管个人面临怎样的选择，选择是自由的。哪怕遇到诸多制约，人们也可以"虚无"一些，把一些外在的制约东西"虚无化"了，就不见得那么可怕，人还是可以作自己的选择的。从这个角度看，一个国家如果陷入集体危机，这个国家的每一个人都负有责任，而不仅仅是几个领袖或决策者的责任。

简单地说，社会就是一个共同体，每一个个体都负有责任；负责抗疫的并非仅仅是医生、政府官员、志愿者，而是所有人。不管是直接参与者还是间接参与者，不管是局内人还是局外人，每个个体的选择决定了这场已经被称为"战争"的抗疫运动的成败。

李文亮、地方官员、疾控官员和学者们所作的选择，导致了后来的疫情局面；同样，中国社会每一个成员的选择，会决定抗疫战争的进程和结局。这里的关键便是担当和责任。极端自私的选择和具有担当责任的选择，结果全然不同。

问题在于，担当与责任从哪里来？即使是基于个人自由意志的选择，也具有"先天"因素。李文亮所作的选择表明，人们实际上不需要那么伟大，选择其实就是一个自己认为是真实的决定，为了家人、为了同事、为了朋友的决定。或者说，强大的个人意志就是自由，这是一种责任和担当，是对家庭、社会和国家的责任和担当。

在危急时刻，没有一种外在制约可以促成人们只作"李文亮医生"那样的选择，而不作地方官员、疾控官员和学者那样的选择。人们也可以相信，很多人仍然会继续作后者那种选择。但公平地说，人们对结局的评判也是公平的。不管官方如何评价，人们对李文亮、地方官员、疾控官员和学者已经作了"盖棺定论"式的评判。

个人选择对社会产生影响

只要人是社会的人，个人的选择必然对社会产生影响，而社会对个人的判断也是基于其选择对社会的影响。或者说，处理好个人自由（选择）和责任担当之间的关系，就是处理好自己与社会的关系，或者严复当年所说的"己群"关系。

严复当年用文言语句翻译穆勒的《论自由》时，将书名译作《群己权界论》，仔细思考一下，这种翻译是非常有意思的。在严复看来，"群"者，群体、社会公域也；"己"者，自己、个人私域也；亦即公共领域和私人领域要区分清楚。严复在这部书的《译凡例》中说明了他所以用"群己权界"这四个字的意思，说："自由者，凡所欲为，理无不可。此如有人独居世外，其自由界域，岂有限制？为善为恶，一切皆自本身起义，谁复禁之？但自入群而后，我自由者人亦自由，使无限制约束，便入强权世界，而相冲突。故曰：人得自由，而必以他人之自由为界。此则《大学》絜矩之道，君子所恃以平天下者也。"

也就是说，社会和这个社会中的个人都有自己的"权"，但他们的权又都有其界限。每个人都有权行使他的自由，其界限是不侵犯他人的自由。如果妨碍别人的自由，社会有权制裁他。换句话说，个人自由的行使必须考虑到社会（群体）的利益。

纵观近代以来的中国，严复所说的"群己权限"不仅"知"难，"行"也难，"知行合一"更难。孙中山先生在早期革命过程中就看到了中国民众的极端利己主义对国家建设所造成的困难。因为中国民众"一盘散沙"，所以孙中山转向了组织的力量。

不难发现，从国民党到共产党，依靠组织的力量来构造新国家这个政治主线从未变化过，不同的是看谁的组织力量更强大，更具有竞争能力。尽管孙中山的理想是实现群己权平衡的社会，但他并不认为这种理想会从天上掉下来，为此，他设计了一种渐进主义的中国政治发展路线图。

组织必然涉及权力的集中，权力的集中必然影响权力在一个社会的内部分配，即分权形式。近代以来，权力集中是世界范围内的一个大趋势，因为现代国家和传统国家的制度区别在于现代国家的集中性质。但世界各国内部的集权程度又是那么的不同，以至于人们把一些政体称之为"民主"，把另一些政体称之为"专制"。

当然，仍然有相当多的社会，其权力根本集中不起来，社会始终停留在无政府状态，甚至是失败国家状态。也很显然的是，民主或专制并不是像一些学者所说的，由少数政治人物决定选择的产物，而是大部分人的选择结果。一个社会是否能够具有足够的"分权"（或"民主"），取决于这个社会的大多数个人能否在选择过程中实现群己权之间的平衡，也就是个人自由（选择）和担当责任之间的平衡。只有实现了基于责任担当的个人自由时，分权或民主才会有希望，因为那个时候权力集中就失去了基础；否则，这个社会永远逃避不了集权体制。

危机暴露社会的真实面，它检阅这个社会的一切，拷问这个社会的一切。这次新型冠状病毒扩散以来，一方面表现为有组织的抗疫，另一方面表现为没有责任担当的无政府状态。尽管越来越多的人对危机后中国社会制度转型开始抱有高度的期待，但社会群体行为的种种作为，最终会导致人们作出最为现实的集体选择。一句话，在缺失具有责任心的公民的情况下，除了高度集中的组织化，还有其他替代选择吗？

五、中国防控经验值得借鉴

新型冠状病毒疫情发生以来，中国举国上下迅速动员，从医护人员、公务员、军人，到志愿者、普通民众，都在各自岗位上全力应对疫情。中国人民的努力付出和所展现的精神面貌，显示了众志成城的力量，令世界惊叹。

中国采取的有效防控举措，为其他国家抗击疫情赢得了时间。中国采取的举措非常严格，这是必须的。中国之所以能够遏制疫情，主要得益于这些强有力的措施。始终把人民群众生命安全和身体健康放在第一位，这是中国应对疫情的第一原则。武汉人民和湖北人民作出巨大牺牲，不仅为中国，也为全世界抗击疫情作出了重要贡献。相关举措给中国经济带来了一定影响，但这些举措都是为了尽快遏制疫情、拯救生命，并尽快恢复正常的经济和社会运行秩序。

疫情检验一切。尽管媒体呼吁人们防御的应是病毒，不是特定人群，但在恐惧面前，还是有一些人难以把这两者科学地区分开来，导致一些华人甚至亚裔在一些国家受到歧视。歧视是愚昧的表现，尽管这种行为不值一驳，但它的确是人类共同抗击疫情的一大阻力。疫情导致的社会恐慌也考验着各国的治理能力。在有些国家，民众恐慌情绪有所蔓延。中国民众情绪总体保持稳定，在于中国政府的坚强、有效领导释放出的强大动员能力。

病毒没有国界，国际合作对战胜疫情极为关键。各国政府必须用开放的态度来解决问题，任何推卸责任的行为都是对世界的不负责。尽管国情不同，但很多国家在疫情防控中出现一些普遍性问题，其中包括政府能否及时有效采取对策以及如何正确处理中央与地方的关系等。在这些方面，中国已经积累诸多经验，可供其他国家在适合本国国情的基础上借鉴。

当前，疫情蔓延已经导致世界经济遭受不少损失，从内部供应链到外部产业链，各国正常的经济活动都面临严峻挑战。中国在疫情防控不放松的前提下，正在全力复工复产、恢复经济，这将缓解疫情对世界经济的冲击。

如果说中国抗击疫情是上半场，那么各国合作就是全球疫情防控阻击战的下半场。在经济全球化深入发展和人员流动频繁的今天，没有任何一个国家可以在非传统安全挑战中独善其身。面对重大公共卫生事件，世界各国需要自上而下和自下而上相结合的全方位合作。中国在各方面为全世界积累了很多宝贵经验。秉持开放的态度，中国一直与国际组织和其他国家共享信息。中国已经和世界卫生组织实现了紧密合作，并取得良好效果。中国继续与其他国家合作，不仅分享应对疫情的专业经验，还可以共享公共卫生治理的经验。

第二章

东西方之争的谬误

一、中西"抗疫"话语权之争的谬误

在本土新型冠状病毒疫情基本得到控制后，中国政府宣布向那些需要中国帮助的国家和世界卫生组织、非盟提供援助，包括检测试剂、口罩、防护服、呼吸机等。这属必然。

疫情在世界各地横行，各国政府忙于应对抗疫，需要大量的抗疫物资。因为很多西方国家基本上已经把很多生产链转移到国外，不再生产附加值不那么高的医疗物资，或者产能不足，疫情到来的时候，也不可能马上把生产线转移到国内，恢复生产，因此只能向国外采购。而中国刚好是世界工厂，具有庞大的产能。中国在疫情期间已经开始大量生产医疗物资。现在中国本身疫情控制下来，自然就可以支援其他国家抗疫。

中国出口大量医疗物资，尽管是各国之迫切所需，但西方对中国的外援反应强烈，大多持批评甚至指责的态度。一些西方媒体在中国医疗产品的质量上大做文章，挑毛病，对中国发难，认为中国出口劣质医疗产品。一些国家的医疗管理机构甚至不批准使用中国的产品。总体上看，西方内部精英之间就中国对他们国家的支援，不仅没有共识，反而加速分化。在很多西方精英的眼中，中国对外援助变成了"口罩外交""影响力之争"和"地缘政治之争"。

新型冠状病毒在无情扩散，每天都有大量的人口群体被感染，有大量的病人死去，"死亡"成为世界各国的共同敌人。也就是说，人类因为新型冠状病毒疾病而上演着一场全球性的人道主义危机。欧美是世界上经济最发达的地区，并且医疗体制和公共卫生体系也很发达。

疫情在欧美都造成了如此深刻的人道危机，一旦到了那些贫穷和公共卫生体制能力低下的国家，情形不堪设想。病毒没有边界，没有任何个人、任何社会、任何国家能够独善其身，唯独合作才是出路。今天，一个重要的问题并不是哪一个国家控制住了疫情，而是哪一个国家没有控制好疫情。只要有国家没有控制好，病毒照样会扩散到全球，这只是时间问题，而非可能性问题。

如果一方需要他人帮助，也乐意接受他人帮助，而另一方愿意帮助，也有能力帮助，这便是一个明显的双赢格局。但为什么会出现如今这样令人费解的局面呢？

在国际舞台上，好像没有任何事物是没有政治性的。应对新型冠状病毒演变成了国家间的权力之争并不难理解，这确切地表现在中国和西方的关系上。今天人们所看到的世界体系是西方确立起来的，舞台上的主角一直是西方国家。现在西方诸国因为疫情自顾不暇，忙于抗疫，好像只有中国在这个本来属于他们的舞台上活动。这使得很多国家感到失落。

西方政治人物的考虑

被视为行为科学界的达尔文的哈罗德·拉斯韦尔（Harold Lasswell），把政治定义为"谁得到什么？什么时候和如何得到？"（"Politics：Who Gets What，When，How"）。西方政治人物的考虑，显然不是如何通过国际合作有效抗疫；相反，他们的首要考虑是在这场病毒战争中谁会获得最多，或者说，他们的问题是：谁是赢家，谁是输家？新型冠状病毒疫情这样深刻的危机，并没有丝毫改变政治人物的态度。对这些政治人物来说，"国家利益"高于一切。这不光是针对中国，一些西方国家针对内部问题也经常抱这个态度。因此，美国党派之间曾经争论是抗疫重要还是维持经济生活重要，很多保守派提倡用牺牲生命来保经济，而英国首相约翰逊则倡导"群体免疫"。

美国政治人物担忧的是疫情是否会导致美国的最终衰落。曾经在奥巴马时期任东亚及太平洋事务助理国务卿的坎贝尔（Kurt M. Campbell）和学者杜如松（Rush Doshi），最近在《外交事务》上发表文章，把这一点说得很清楚了。他们指出："美国过去 70 多年来建立国际领导者的地位，不单是因为其财富和实力，更重要的是美国国内管治、供应全球公共物品，有能力和愿意集合和协调国际力量去应对危机所带出的认受性。"不过，这场大流行"考验上述美国领导能力的全部三要素，但到目前为止华盛顿并不合格，在其步履蹒跚时，北京正在迅速而熟练地采取行动，利用美国失误造成的缺口，填补其空缺，把自己呈现成应对这场大流行的全球领导者"。

他们担忧，中国通过在大流行病中对其他国家的帮助，试图建立新的基准，把中国塑造成为不可或缺的强国（essential power），并以此和各国建立关系。这已经明显表现在中国与日本、韩国联合应对疫情，向欧盟提供重要卫生设备的行为上。美国更为担心的是，尽管其欧洲盟友并没有公开批评特朗普政府，但在一些关键问题上，美国的盟友已经不与美国站在同一战线上了，例如是否采用华为技术和伊朗问题。

如果英国 1956 年夺取苏伊士运河的行动标志着大英帝国的最后衰落，那么如今，美国继续这样下去，新型冠状病毒大流行将会是美国的"苏伊士时刻"。

这样的担忧并非只在美国存在，而是已蔓延到整个西方。欧盟外交与安全政策高级代表博雷利（Josep Borrell）2020 年 3 月 23 日在欧盟对外行动署网站上，发表了一篇题为《冠状病毒大流行及其正在建立的新世界》的文章，从地缘政治的角度来审视中国外交，对中国在抗击新型冠状病毒疫情期间的"慷慨政治"发出警告，敦促欧盟国家准备好迎接一场"全球话语权之战"中的"影响力之争"。他认为，中国有针对性地帮助某些国家，给他们提供抗击疫情物资以"展示团结和友谊"。

博雷利说，"一场全球性话语权之战正在进行"，中国通过大举帮助欧洲，"在大张旗鼓地传递一个信息，那就是，与美国不同，中国是个负责任和可靠的伙伴"。这位作者警告说："对于欧洲来说，我们能肯定的是，随着疫情的爆发和我们应对疫情的进展，人们的看法会再次改变。但是我们必须明白，这其中有地缘政治的成分，包括通过杜撰和'慷慨政治'来争夺影响力的斗争。有了事实，我们需要保卫欧洲不受诽谤者的攻击。"

当意大利和塞尔维亚等国向欧盟求救时，德、法等欧盟大国都感到无能为力，无动于衷，因此这些国家只好转向中国，中国也及时地提供了援助。但当这种"地缘政治论"被炒热之后，德国和法国领导人也出来表示关切，并且声言要帮助意大利等国，以维护欧洲的团结。

西方缺乏自我反思

美国和整个西方显然没有自我反思能力。正如一个国家的外部影响力是其内部崛起的外部反映一样，一个国家的外部衰落也是其内部衰落的反映。简单地说，英国的衰落并非因为美国的崛起，或者美国的衰落并非因为中国的崛起。美国在国际舞台上领导力的衰落，不仅仅是因为其内部问题，更是因为它成为唯一的霸权之后开始实行单边主义。自"9·11"开始，美国因为实施单边主义，就已经和其欧洲盟友渐行渐远。之后的很多年，因为美国在国际舞台上扩张过度，不得不作收缩战线的调整。尤其在特朗普上台之后，美国急速地从各种国际协议中退出，在"美国优先"思路的主导下，美国已经不能在国际舞台上扮演领导者角色了。

欧盟也一样。欧盟在很长时间里被视为不仅是欧洲的未来，更是人类区域合作的典范。但欧盟的衰落甚至远比人们想象得快。这些年来，英国脱欧，欧盟成员国怨声四起。这次新型冠状病毒疫情更是显露出欧盟的软肋。人们没有看到欧盟共同体的存在，只感觉到欧洲回到了绝对主权的时代，各国显露出极端的自私性。成员国之间的合作精神荡然无存，内部右派民粹主义的崛起更是增加了合作的难度。德国不仅没有力量向意大利提供帮助，反而截留了本来要运往其他欧洲国家的抗疫物资。

意大利等国并非有意和欧盟作对，这些国家只是在向欧盟求助无望的情况下转而求助中国。再者，中国和意大利或者欧洲其他国家的合作，并没有任何地缘政治的考量。中国的地缘政治重心永远在亚洲，和欧洲的关系充其量不过是经贸关系罢了。所谓的"地缘政治"之争，无疑是西方文化的想象。

导致美国（西方）内部衰落更重要的原因，则是 20 世纪 80 年代以来的新自由主义经济政策所导致的资本主义的异化。在资本的主导下，意在塑造国际劳动分工的全球化，把西方诸国产业大多转移到了其他国家。尽管国际劳动分工有助于提高劳动生产率，但也导致了西方内部经济和社会的分离。经济本来是嵌入社会的，但现在经济活动高度国际化，没有了主权性质，更不是社会所能控制的。美国和西方国家这次抗疫如此无力，不仅仅是因为治理体制的缘故，更是因为这些国家已经不再生产简单的医疗物资。

美国高度依赖中国的医疗物资供应，80% 的医疗物资来自中国，97%

的抗生素来自中国。欧洲和其他主要资本主义国家也是如此。中国作为医疗物资生产大国有意愿有能力，并且有道义上的必要性来帮助其他国家，这再正常不过了。但西方诸国又担忧中国的医疗物资，会影响本国人民对中国的看法。西方政治人物对意识形态的着迷，使得他们对自己的老百姓失去了自信。

如果说美国和西方的意识形态偏见、对地缘政治影响力的担忧等因素，导向了它们对中国的错误认知，中国本身是否也有可以检讨的地方呢？

中国的言行有让人误解之处

实际上，在中西之间根本不存在西方所说的"话语权"之争，因为中国从来就没有确立过自己的话语权，中国所做的只是对西方话语权的回应。一个文明大国进入了国际体系，但从来就没有建立起自己的国际话语体系，人云亦云，步人后尘。因此，中国被西方误解，中国自己的言行有让人误解之处。

这个问题并非因新型冠状病毒疫情引起，只不过疫情再次把这个问题暴露了出来。例如，中国的"一带一路"和东欧国家的"16+1 机制"等，根本不是地缘政治项目，而仅仅只是商贸交往。但受西方话语影响，中国本身的学者也把此视为中国领导世界的路径，官方的"倡议"概念被转化成为"战略"的概念。同时，中国也受西方影响，不管具体情况，到处滥用"多边主义"方式，使得中国和西方的"团团伙伙"趋同。

这次新冠疫情发生以来的行为也一样。中国应当以什么样的一种精神进行外交呢？没有人会否认，新冠病毒已经导致了一场全球范围内的人道主义危机，并且随着病毒的到处扩散，危机在加深。如果明了这场危机的性质，如何进行外交也就明了，即这是一场意在缓解人道主义危机的外交。

其实，中国本身能够在很短时间里控制住疫情，也和领导层把老百姓的生命放在第一位有关。如此大规模地封城、封省、断航，肯定会影响国民经济的正常运行，中国实际上也遭受了巨大的经济损失，但领导层仍然果断地这么做了。抗疫优先还是经济优先？这在中国没有成为问题。类似"佛系抗疫"或者"群体免疫"这样的概念，更不会出现在中国的政治话语上。

但很可惜，人们并没有把这个大好的机遇利用起来，把中国本身的话语建立起来，官僚机构、媒体、社会诉诸民族主义和民粹主义精神，和西方以牙还牙、针锋相对，结果还是被西方牵着鼻子走，纠缠在一些非本质性的问题上。很多人以为这样做至少在语言上占了优势。但需要注意的是，语言不是话语，声音很响，但话语全无。更为重要的是，这种语言战还大大消耗了中国从行动上所赢得的国际信誉和信用。

新冠疫情无疑正在成为改变世界历史进程的事件。中国如何在这个进程中定位自身，离不开自己话语的塑造。因此，不要以为自己已经拥有了话语和话语权，这个艰巨的任务仍然是中国所面临的最大国际挑战。

二、疫情与制度之争的谬误

新型冠状病毒疫情在全球的扩散，和各国政府抗疫成绩的巨大差异，引发了新一波中西制度之争。

先是西方媒体批评和指责中国的制度，认为是中国的"专制"制度造成了地方政府对病毒信息的隐瞒，才导致后来的大规模扩散；很多西方媒体也认为新型冠状病毒是中共的"切尔诺贝利事件"，最终会导致中共的垮台。等到中国成功有效地控制住病毒的扩散，严防病毒再次卷土重来，同时不仅恢复经济，而且向世界各国提供医疗救助物品时，轮到了中国媒体批评和指责西方体制。

令人惊奇的是，和西方媒体一样，中国媒体也强调体制的作用，认为西方政府抗疫不力是因为西方的民主体制；而中国政府成功抗疫则是因为中国的"举国体制"。

西方媒体和政治人物把中西方体制的不同，简化成为"民主"和"专制"之分；中国媒体也基本上接受了这个区分，即西方"民主"和中国的"举国体制"。

多年来，在解释民主和专制应对灾难的不同方法时，相信西方民主优越的人，往往引用经济学家阿玛蒂亚·森（Amartya Sen）的名言："人类历史上，没有哪一场饥荒是发生在正常运转的民主国家的。"森认为，因为民主政府必须面对选民，他们有防止灾难发生的强烈意愿。森就是以此来解释1959—1961年的大饥荒，认为在民主制度下不会发生这样的大饥荒。如果当时中国有信息的自由流通，大饥荒不至于发展到人们后来所看到的程度。

应当指出的是，森提出的只是一个假设。中国的大饥荒有其更为深刻的背景，并非仅仅是"缺失言论自由"那么简单，信息不流通只是导致大饥荒的一个面向。而且如果把森的假设延伸到历史上的瘟疫事件，则更难以令人信服。1918年开始的西班牙流感，在西方各民主国家之间大肆流传，应当如何解释呢？西方交战国为了在军事上占据优势，进行严格的信息管制，隐瞒流感信息，导致流感在地球上转了三圈。

这次新型冠状病毒的爆发，由于人们对新病毒没有任何认识，地方政府措手不及。但一旦认识到病毒的严重性，中国整个国家动员起来。武汉（湖北）的封城（封省）为其他国家提供了极其宝贵的时间。西方国家本来有足够的时间准备应对举措，但白白浪费了。这很难用西方一再坚持的"中国隐瞒信息"来解释；相反，民主的懒散、政治人物的傲慢、基于种族主义之上的愚昧（认为病毒只有对亚洲人有影响）等都产生了影响。

在病毒扩散的过程中，西方也没有坚持"言论自由"原则。美国海军"罗斯福号"航母舰长克罗泽，因为公开航母上军人感染病毒而被解职。这使人想起了1918年民主国家的行为。尤其让人不能接受的是，在世界卫生组织宣布紧急状态之后，西方很多国家依然不作为。

正如福山（Francis Fukuyama）最近撰文指出，美国如此糟糕的抗疫行为，并不能够用西方的"民主制度"概念来解释；中国政府有效的抗疫行动，也不能够用西方所说的"专制"，或者中国本身所说的"举国体制"来解释。把各国政治制度简单地二分为"民主"与"专制／举国体制"，就必然走向政治化和意识形态化，导致双重标准，看不到事物的真相。

意识形态化的解释所得出的结论，更是经常令人啼笑皆非。例如中国采取封城手段、限制老百姓的出行，在西方眼中就是违背人权；而西方这样做则是为了公共利益的需要。西方老百姓不遵从政府的规定自由出行，则被说成是"西方民众捍卫民主自由的价值"。

西方批评中国抗疫模式的原因

这种意识形态化也表现在西方对亚洲社会抗疫方式的理解上。很多西方媒体羡慕亚洲社会的抗疫方式。但令人惊讶的是，西方媒体一如既往地批评中国大陆，但对韩国、新加坡和中国台湾的做法进行褒扬。如果了解中国和其他东亚社会的抗疫模式，就不难发现这些社会之间其实有很多的共同点。

这些社会大多采用侵入式电子监控跟踪、限制人民的出行、积极组织检测和实施严格隔离等手段，只不过在西方看来，这些手段如果用在中国，是中国制度"专制性"的表现，用到其他社会则是治理"有效性"的表现。中国政府早些时候为了减轻对正规医院的压力而设立的方舱医院，竟然也被西方媒体视为"集中营"。不过，后来很多西方政府也学中国，设立方舱医院。

一个国家的制度对政府抗疫肯定有影响，但并非如"民主"与"专制"论者所认为的那么简单。在这次抗疫过程中，制度和政府抗疫的关联性表现在方方面面，包括中央（联邦）政府的权力集中程度、政府规模、中央地方关系、地方政府的责任等。但所有这些制度因素，与其说与一个国家的基本制度相关，倒不如说与一个国家的治理制度相关。

就制度而言，有几点是人们必须认识的。第一，每一个国家的制度都是根据其自身的文明、文化和国情发展而来，并且是向历史开放的，在不同阶段与时俱进，以应对变化。一个制度如果不能适应时代变化的需要，就会被无情地淘汰。因此，正如任何制度的消亡有其理由一样，任何制度的存在也是有其理由的。

第二，制度本身的可变性和灵活性。没有任何一个制度会像"民主论者"或"专制论者"那样刻板地存在和运作。任何制度都既有其民主的一面，也有其专制的一面。在应付危机的时候，集权的体制可以转向分权，分权的体制可以转向集权。西方批评中国体制的集权性，但为了抗疫，不仅发展中国家的民主，而且老牌英美的民主，都纷纷转向政府集权。

历史上，法西斯主义和纳粹主义也是民主的产物。危机来临之时，比危机本身更危险的便是危机所引起的恐慌。西方所说的威权主义政体，有能力控制社会的恐慌。西方所说的民主政体，则因为重视个体价值而相对欠缺这种能力。在社会大恐慌的背景下，民主与极权只是一墙之隔。

第三，制度操作者的主观能动性。制度是由人来操作的，同样一个制度由不同的人来操作，效果就很不相同。在民主国家，人们看不到森所说的现象，即"民主政府必须面对选民，他们有防止灾难发生的强烈意愿"，而是出现了相反的现象，即民主国家领导人往往利用危机来强化自己的权力，或者自己所代表的党派的权力，而不是全力以赴地抗疫。

在匈牙利，民主政体自转型以来总是显出摇摇欲坠的样子，从来就没有巩固过。现在新冠疫情使得人民赋权右派政府，总理欧尔班已经可以实施政令统治，可以逮捕批评他的记者。以色列总理内坦亚胡执政多年后面临耻辱的终结，但新冠疫情让他得到了喘息机会。他已经命令大多数法院关闭，推迟自己的腐败审判。印度封锁国家之后，总理莫迪的印度民族主义政府颁布了法律，方便印度人在穆斯林占多数的查谟和克什米尔地区成为永久居民。

英国是老牌民主国家，但新冠疫情赋予政府部长可以拘捕人民和关闭边境的权力。美国是自由民主的灯塔，但总统特朗普已经获得战争期间才可拥有的诸多权力。

即使是西方一向感到骄傲的"言论自由"，在民粹主义崛起的时代也出现了严重的问题。所谓的言论自由是基于事实之上的言论自由。但在民粹主义主导下，人们对任何事物都有了特定的政治立场和意识形态，一旦人们用政治立场和意识形态看问题，就没有了事实，只有"后事实"和"后真相"。

如果说人们对应对病毒的方法有左右不同的看法，仍然可以理解，但如果人们对病毒本身是否存在、是否严重、是经济重要还是生命重要等基本问题，都具有了政治性和意识形态性，这种言论自由的目的到底是为了什么呢？

在西方，极端右派和极端左派对这些基本问题的看法截然不同，不仅导致社会的混乱，更导致政府的抗疫不力。特朗普和一些政客的言论更使得普通美国人惊讶：民主为什么会产生这样的政治人物？

除了这些影响政府治理能力的制度因素外，影响西方政府抗疫能力的还有文化和社会因素。假定如森所说，民主政府更有意愿去治理危机，这并不意味着政府也更有治理能力。影响政府治理能力的主要是政府和社会的关系、政府与经济的关系。

东亚社会何以能执行抗疫政策

在东亚社会，政府能够有效治理新冠疫情扩散，一个主要因素在于人民的配合。在东亚，要人民在自由和生命之间作一选择并不难，因为没有生命，哪有自由？传统文化中，东亚社会的人民也普遍信任政府。这两者的结合，使得东亚社会的政府的防疫和抗疫政策能够有效实施。

西方的情况则全然不同。在东亚，几乎没有人争论要不要戴口罩，因为戴口罩既是自我保护，也表示对他人的尊重。只是在缺少口罩的情况下，一些政府才会考量什么情况要戴口罩、什么情况不需戴的问题。但在现代西方文化中，戴口罩意味着"得病"，戴口罩的人往往被人歧视。戴口罩这样一件简单的事情，西方各国争论不休，疫情已经变得如此严峻，人们还在争论戴不戴口罩。

东亚社会和西方社会的"封城"对个人行为的影响，更是不可同日而语。在东亚，人们普遍接受政府的指引，不管是自愿还是非自愿，很少有人去违背政策。但在西方，"封城"概念很少对个人行为产生影响，很多人还是照常生活，好像什么都没有发生。

更为重要的是政府和经济之间的关系。经济能力是政府的核心能力。制度必须具有动员能力，但前提是有资源可以动员。在这方面，中国（和东亚社会）表现在经济和社会的统一，在西方则表现为经济和社会的脱节及错位。中国政府抗疫之所以有效，不仅仅是因为"举国体制"的动员能力，更在于今天中国的经济能力。

中国获益于改革开放以来所积累的经济资源。在过去数十年里，中国成为世界制造工厂，并且什么都能生产。例如，中国的口罩生产量占了世界的一半以上。尽管抗疫早期中国也面临医疗物资短缺的境况，但因为具有庞大的生产能力，很快就克服了这一困难。充足的医疗物资供应，无疑是中国抗疫成功的经济基础。

西方的情况就不一样了。西方具有世界上最发达的经济体，最先进的医疗系统、公共卫生系统（尤其是欧洲国家的公共卫生制度），也是世界其他国家学习的榜样，但为什么在这次疫情中抗疫能力如此低下？除了上述制度和社会因素之外，最重要的就是经济和社会的分离。自 20 世纪 80 年代以来，新自由主义主导的全球化已经全然把经济和社会分离开来。资本逐利，把大部分生产转移到其他国家，这使得在危机时刻，国家所需的供应严重不足。

例如，根据美国的统计，80% 的医疗物资和 90% 以上的抗生素都是从中国进口。特朗普说美国具有最强的经济和最先进的医疗，叫人民不要恐慌，但是在没有足够的口罩、防护服等医疗物资的情况下，老百姓能不恐慌吗？在欧洲，意大利、塞尔维亚等国向德、法等国求救不得，不见得是德、法自私，而是因为医疗物资短缺，先要照顾自己的人民。德国更是截留了输往其他国家的医疗物资。这些都是医疗物资产业链转移到其他国家的结果。

以此看来，决定一个国家抗疫成败的因素是多方面的。制度很重要，但制度并非唯一的决定因素。这也说明，制度决定论会导向很多谬误。在危机之际，把制度简化成为一种类似"民主"和"专制"那样的意识形态更是危险。

犹如宗教，意识形态在社会治理上扮演很重要、可以称之为"软力量"的作用。不过，在危机面前，意识形态不能成为体制的遮羞布，否则就是自欺欺人；相反，人们必须直面现实，超越意识形态对思想意识的束缚，敢于实践，从自己的实践中寻找解决问题的方案，也向其他国家的最优实践学习。实践才是历史开放和永远不会终结的终极根源。

三、认同政治与我们这个时代的大冲突

今天，无论是一个国家的内部关系，还是国家之间的关系，世界的大趋势便是认同政治的强化。在民族主义和民粹主义盛行的世界，无论是平民百姓还是精英，都已经陷入了认同政治的陷阱，并且陷得很深。认同政治（identity politics）这一概念出现在 20 世纪后期，特别是美国黑人民权运动时期。一般意义上，认同政治是指在社会上，人群因性别、人种、民族、宗教、性取向等集体的共同利益而展开的政治活动。但因为认同政治指向群体，而群体则是无限可分的，所以认同政治所指范畴越来越广、越来越深入，认同划分也越来越细微。

例如性别，传统上的男女性别迄今已经发展到 LGBTQ（即 lesbian 女同性恋、gay 男同性恋、bisexual 双性恋、transgender 跨性别者和 queer 酷儿）等范畴。随着科学对性别认识的深入，未来出现更多的性类别也不足为奇。

再如，传统的民族定义到了今天已经不再适用了。原本同是一个民族的社会群体，由于不同群体所持的不同政治或者价值观，可以有效分解原来的民族概念。台湾和香港一些人鼓吹的"民族主义"就是这种现象。实际上，认同政治一旦和价值观（无论是道德上的还是世俗的）结合起来，必然具有了无限可分的性质。

尽管认同政治的结果往往背离西方自由主义，但认同政治恰恰是西方自由主义的产物。自由主义往往和自由、民主、人权、尊严、公平、正义和平等这些概念结合在一起，认同政治因此也对各个社会群体产生着无限的吸引力。认同政治产生之后，对一些诉诸认同政治争取权利的社会群体，也产生了一些积极的效果。美国最高法院最近通过一个历史性裁定，联邦就业法律保护 LGBTQ 员工不受歧视，雇主不得以这些员工的性取向为理由解雇他们。

但总体上说，认同政治积极的成效屈指可数，其大多数诉求的满足，仅仅停留在理论和法律层面，离诉求的实现还有很大的距离。经验地看，人们不难发现，一些认同的可能性仅仅停留在理论层面，几乎近于乌托邦，很难真正转化成为现实；更有一些认同，其实际的效果随着认同的浮现、深化和强化而背道而驰。

在实际生活中，当代社会的一个显著特点，就是以认同政治掩盖阶级（阶层）政治，以身份平等掩盖实际的不平等。在西方，因为"一人一票"制度的实现，认同政治所产生的政治权力是显见的，在理论上、法律上都给予了"人人平等"的地位。但犹如在"上帝面前人人平等"一样，不同性别、种族、民族、宗教和社会群体等在实质上还是不平等的。

美国黑人抗争运动从 20 世纪 60 年代延续到今天，就是一个很好的例证。尽管人们都会认为，抗争为通向平等之"必由之路"，但现实地说，这个"必由之路"也仅仅是假设，或者说一种可求不可得的理想。

导向冲突和纷争

更为重要的是，认同政治越来越成为社会内部冲突和国际纷争，甚至战争的一个主要根源。认同政治导向冲突，道理并不难理解。认同政治是建立在"自我"与"他者"的区别甚至是矛盾之上的。在社会群体内部因为群体的"无限可分"而产生冲突；在外部因为对其他群体的歧视、妖魔化而产生外部冲突。这些一旦表现在国际社会，便演变成为国家间的冲突。

认同政治所导致的内部冲突，最显著地表现在冷战结束以来的恐怖主义力量的崛起上。在社交媒体时代，人们可以自由地表达和选择自己所需要的"思想"，并且也借社交媒体，把自己的思想或者所接受的思想转化成为行动。因为从社交媒体自由选择而来的思想，往往具有"蚕茧效应"，即人们为这种非常狭隘的思想所裹挟，人们的行为越来越具有激进化甚至暴力化的特征。中东"伊斯兰国"的崛起和各国"投奔""伊斯兰国"的年轻人，都具有这种特征。

美国当年借"9·11"名义入侵阿富汗及伊拉克，掀起全球性的所谓"反恐战争"，激化了中东乃至全球伊斯兰世界用极端宗教信仰名义，在各地开展恐怖袭击，倒过来助燃了伊斯兰恐惧症以及白人至上主义思潮。伊斯兰极端恐怖主义相信异教徒迫害穆斯林，所以鼓吹在全世界对非伊斯兰教徒（甚至不同派系的穆斯林）发动用"圣战"包装的恐怖袭击。

白人至上恐怖分子则以这些"圣战"为借口，相信穆斯林要消灭现代西方文明，所以必须对其赶尽杀绝。这也是发生在 2019 年震惊世界的新西兰回教堂枪击惨案的背景。很多证据显示，作案的澳大利亚籍青年嫌犯单独行凶，他因为接触了极右纳粹主义思想，而自我激进化。这种极右思想强调白种人的纯正血统，因此不但由于"9·11事件"而仇视穆斯林，也排斥西方社会里包括犹太人在内的其他非白人。

很显然，此类认同政治已经给那些多元宗教信仰的社会造成了巨大的冲击。人们担忧的是，无论是言论自由还是社交媒体，都有效地促成认同政治的激进化，而激进化的行动会随时爆发出来。

如果说由认同政治产生的恐怖主义是人们谴责的对象，那么由认同政治导向的国家分裂主义，则往往具有诱人的魅力，为人们所颂扬，因此往往对多民族国家构成致命的威胁。苏联的解体，即刻造成了东欧国家从苏联集团分离出来；与此同时，认同政治则强化了诸多国家内部不同民族群体间的冲突，导致了原先国家的解体。西方基于"人权高于主权"的原则，鼓励和促进这些国家的解体。应当指出的是，西方"人权高于主权"原则，本身便是认同政治的产物。

然而，认同政治的这种效果，很快就延伸到西方诸国。西班牙东北部自治区加泰罗尼亚 2017 年举行独立公投，让西班牙陷入宪政危机。西班牙首相拉霍伊反对公投，态度强硬，决定用强制手段阻止公投，并获得了西班牙宪法法院的支持——法院认为公投违宪非法。

富裕的加泰罗尼亚一直不满向中央政府缴纳过重的税负，宪法法院此前否决国会赋予当地更大的自治权，更是加剧了其独立的情绪。这些年来，化解加泰罗尼亚人的义愤，一直是西班牙政府所面临的严峻挑战。

加泰罗尼亚人要求独立并非唯一的例子，欧洲其他国家，包括英国的苏格兰、意大利的南蒂罗尔等，都存在长期的地方自治和分离或独立诉求。苏格兰在 2014 年举行独立公投失败。然而，在英国脱欧公投之后，苏格兰再度引发独立的诉求，因为苏格兰经济发展有赖于欧盟会籍。同样，以德语居民为主的南蒂罗尔，也不满意大利在 2011 年可能爆发主权债务危机，而加重南蒂罗尔税负，导致要求脱离意大利、回归奥地利的呼声重现。

认同政治所引发的国际冲突和战争更是屡见不鲜。历史上，早期的宗教战争便是一种认同政治，因为人们只认同自己的"上帝"，而容忍不了其他人的"上帝"。近代之后，西方世界随着工业化和商业化、世俗化进程加剧，国家间往往为了利益而发生冲突和战争。

西方诸国间的诸多形式战争，包括帝国主义战争、殖民地主义战争和美国式的占领都是如此。在美苏冷战期间，两国之间尽管是世俗利益之争，但世俗利益被有效意识形态化，或者价值观化；两个阵营的对立，因此也在很大程度上体现为认同政治。

冷战之后便很快又出现了哈佛大学教授亨廷顿所说的"文明冲突"。世界似乎又回到了宗教冲突时代。亨廷顿的"文明冲突"与历史上的宗教冲突，不同的地方在于作者在宗教（文明）之上加上了世俗的"民主"（认同政治）因素。例如，亨廷顿认为，中国和日本不属于同一个文明，因为日本已经是民主国家，属于"民主"文明。

这种以世俗现象为核心的认同政治，在冷战后变本加厉。"9·11恐怖袭击事件"之后，小布什政府开启反恐战争，提出了"要不和我站在一起，要不就是我的敌人"的原则，在国际上塑造"民主价值同盟"。到了奥巴马政府，美国不怎么强调所谓的"价值同盟"了，但其盟友日本和澳大利亚等国，则成为"价值同盟"狂热的提倡者。

基于"民主"之上的认同政治

今天，围绕着中美关系、中国和国际社会的关系，基于"民主"之上的认同政治，俨然已经成为国际政治的主题了。

瑞士《金融经济报》刊发的由苏黎世大学宏观经济学教授沃特（Joachim Voth）撰写的一篇题为《瘟疫与体制竞争》的评论，便是认同政治塑造的典型。这位学者曾经在2020年早些时候（3月）提出，只要中国人继续贩售、食用野生动物，西方国家就应该限制中国人入境。这次，沃特再次提出，只要中国不足够民主，就无法保证能妥善应对下一场疫情，因此西方国家应该限制中国人入境。

沃特注意到，疫情爆发之后，欧洲不断有人赞叹中国的"专制体系"，能够不惜一切代价采取强力措施，取得了比西方国家更高效的防疫成果。但作者认为，中国的事例不能说明"专制"的有效性，因为俄罗斯、伊朗在此次疫情中一败涂地。

尽管欧美国家在应对新型冠状病毒疫情过程中，也宣布了紧急状态，对公民基本权利作出了诸多限制，但民主制度凭借着毫无保留的反思能力、政党竞争、言论开放，总是能够比体制竞争对手更快地找到自身问题。

民主是一种具有极高学习能力的体制。在需要全体民众作出牺牲和奉献时，具备民选合法性的政府是无可替代的。历史的一大教训就是：长期而言，民主总是优于专制。作者对西方开始流行的"民主怀疑论调"感到忧心忡忡，这种担忧可以理解，但是作者把这种担忧，转化成为对中国"专制"的批评和谴责，便是"认同政治"在作怪了。

实际上，这种妖魔化中国来强化西方民主认同的做法，最近一段时间开始盛行起来。

在美国，强硬派和保守派政治精英，无论是政府官员还是国会议员，干脆用"中共"的概念来替代"中国"，其用意不仅仅在于人们所说的，分化"中国共产党"和中国人民之间的关联，更在于把中美制度的不同，视为中美冲突的根源。

美国国务卿蓬佩奥6月19日以视频形式，在丹麦哥本哈根民主高峰会议上所作的"中国挑战"的致辞堪称典型。蓬佩奥批评"中共"敌视民主价值观，威胁到世界各国，呼吁欧洲盟友不是在美国和中国之间，而是在"自由与暴政"之间作出选择。

英国政府提议为了应付中国的5G技术，用"十国民主集团"或者"十国民主联盟"（D10），来取代原先的"七国集团"（G7），即在原来的七国基础上，再加上澳大利亚、印度和韩国。

据韩联社消息，韩国科学技术信息通信部 6 月 15 日表示，旨在促进人工智能发展和应用的"人工智能全球合作组织"（GPAI）当天正式成立。德国、法国、新西兰、英国、加拿大、澳大利亚、美国、日本、韩国、新加坡、斯洛文尼亚、墨西哥等 14 个国家加入该组织。GPAI 旨在基于"人权、包容、多样性、创新、经济增长和社会利益"的原则，解决人工智能领域热点问题，为实现联合国可持续发展目标作出贡献。

从英国和韩国的动作不难看出，这些国家基于认同政治（对民主的认同）把中国排除在外，或者把中国直接置于对立面。

很显然，认同政治已经从社会个体、群体上升到主权国家对自身的认同，对他国的排斥。正如前文所阐述的，认同政治和冲突具有内在的关联性。如果认同政治在一个社会内部已经导致了无穷的冲突，认同政治也必然导致国家间的冲突乃至战争。并且，历史经验表明，这种把世俗价值宗教化和道德化的认同政治，所导致的冲突和战争，具有更大的暴力能量。

可悲的是，无论是一个国家的内部，还是国家之间的关系中，今天世界的大趋势便是认同政治的强化。在民族主义和民粹主义盛行的世界，无论是平民百姓还是精英，都已经陷入了认同政治的陷阱，并且陷得很深。

四、中国该如何回应美国的打压

意识形态是认同政治的一部分。认同政治的范畴很广，早期涉及种族、民族、宗教、肤色，现在又被附加了一些世俗价值观色彩。美国国务卿蓬佩奥再次要求欧洲国家选边站，称不是要他们在中美之间选择，而是要在所谓"民主"与"暴政"之间选择。这就是非常典型的认同政治。

认同政治的最大危害，就在于把诸多世俗的价值观宗教化了。如果对中美的社交舆论稍加关注，就不难发现认同政治在撕裂美国社会的同时，也令中美舆论场上不时出现妖魔化对方的声音。在这方面，社交媒体尤其"贡献良多"。但任何一个政治体制都有民主的成分，也有集权的成分，只是程度多少的问题。中国的体制是美国攻击的那样吗？美国的体制是我们想象的那么民主吗？美式民主是最好的政体吗？都不是。历史是开放的，每个国家都可能找到最契合自身文明的政体。疫情以来的事实更是表明，什么政体都是次要的，关键是能促使各国以科学的态度应对。

因此，面对美国在意识形态领域的挑战，中国应当也可以有足够的理性和耐心。

中华人民共和国成立以来，在这方面有足够的历史经验。一段时间里，中国在国内饱受左倾错误的困扰，在国际上处境困难。但毛泽东清醒地认识到这点，尼克松访华、中美建交……中国最终淡化了意识形态领域斗争的色彩，回到现实主义的轨道上。进入邓小平时代，发展社会主义市场经济使中国融入世界市场成为可能。这段时期，中国十分重视"求同存异"理念。因为正是共同利益的存在，才使世界市场成为可能。中国由此加入世贸组织，取得新世纪以来的经济腾飞。

除了在实际利益方面，中美在价值观上也有很多"同"的一面。比如民主、人权，尽管双方因发展阶段不同导致理解上有差异，但都是重视的，也是可以坐下来谈的。改革开放以来，中国成功使8亿多人脱贫，让更多的人接受了更好的教育，这也是人权。

多强调"同"的一面，"异"的存在感就没那么强。但现状是，"异"的一面在互动中被格外突出，"同"被大大削弱，甚至被完全忽视。比如，现在有一种商业民族主义，为了盈利，片面迎合大众，散布虚假信息，夸大或者转移事实，误导受众，极其有害。

进一步讲，如果我们跟随美国强硬派的步调，也强调意识形态，肯定会落入对方的陷阱，因为中国的国际话语权还不强。嗓门并不等同于话语权，声音大、能开骂，不是话语权。中国还是要本着实事求是的精神审视中美关系，不要轻易被激怒，要认识到两国之间并没有舆论场上有些人宣扬的那么大的差异。

此外，中国要主动介入和引导两国关系走向，而非寄望于某种国际危机使美国回归理性。美国会回归理性，但若放任不管，无异于放任中美关系自由落体式下坠。

新加坡总理李显龙不久前在美国《外交事务》杂志发表的署名文章表明，中美之外的中小国家不愿选边，只能视自由落体落到哪一点再作出自己的选择。但是在安全与经济之间，多数国家会怎么选择呢？

中国并不想成为两极世界中的一极，世界的多极化有利于中国的长远利益。欧洲、俄罗斯、印度、日本，都有条件成为多元世界中的一极，这不会完全以我们的意志和偏好为转移。历史表明，任何成功的国家都是朋友搞得多多的，敌人搞得少少的。毛泽东"三个世界"理论的精神在当下仍有指导意义，冷战史蕴藏着丰富的经验与教训。

中美之争取决于国内治理

中美关系是当今国际舞台上最重要的一对双边关系，一些外交问题的解决之道，未必在于外交。像中美俄这样的大国，已经无须担心别国威胁自己的生存安全。外交是内政的延伸，国际竞争胜负的关键都在于各国内部。所谓内忧外患，内忧在前，外患在后。外患只能通过内忧放大危害，如果没有内忧，外患的威胁性就大大减少，反之亦然。

20世纪80年代以来，美国长期是全球化最大的推动者和获益者，特朗普却借民粹主义上台，并在执政后屡屡破坏原先由美国领头打造的全球治理体系，给自身和全世界频频制造麻烦，徒耗自身的软实力。

从根本上讲，这是美国内部出了严重的问题。美国的军事力量依然独步天下，但贫富分化日甚，社会不公加剧，才导致今日的虚弱。美国的确从全球化获取了巨量财富，但自20世纪80年代以来，美国中产阶层萎缩至不足50%，低收入家庭上升至30%。对国家来说，资本的逐利性导致产业外移，税收减少，公共福利不振。对民众来说，就业机会不断流失，竞争日益残酷，收入却没有明显增长。

由此导致的恶果在疫情期间非常明显。一方面，掌握诸多尖端制造业核心技术的美国防疫物资短缺，不得不从别国手里强行抢购。另一方面，民粹主义崛起撕裂了社会，阻碍了共识的形成，导致美国抗疫表现一团糟。

相比美国，中国的优势就在于有中国共产党作为政治主体。如果没有这样的政治主体，就会像美国那样政府缺位、两党互掐，连最紧迫的抗疫工作也难以有效开展。

但中国也面临类似的挑战，即发展不平衡和不充分的问题。中国已取得了人均 GDP 超过 1 万美元的巨大成就，但仍和发达国家有明显差距。诚如李克强总理在十三届全国人大三次会议上所说的，我们国家还有 6 亿中低收入及以下人群。国家东西部还很不平衡，再加上多民族国家的属性，挑战依然艰巨。

如果发展问题能解决好，中国的制度优势将更加凸显，自然会收获更多认可，美国炒作的不少问题也转化不成内部的挑战。为此，中国在硬基建之外，必须更加重视"软基建"。

学习亚洲智慧搞好"软基建"

我认为，"软基建"的关键就是要培育、壮大和巩固中国的中产阶层，这是实现中国经济由数量扩张向质量效益转型的必由之路。

20 世纪 80 年代初，中国的人均 GDP 还不到 300 美元。今天的中国已经是世界第二大经济体，8 亿多人实现了脱贫，成就斐然。但难以否认的是，我们的中产阶层还很脆弱，低收入群体也存在返贫的可能。同时，传统的经济增长红利逐渐耗尽。许多地区的基建甚至比西方国家还要先进，已没必要重复之前大规模的基建。

2020 年 4 月 17 日，中央政治局会议强调要坚定扩大内需。扩大内需要培育国内市场，就要把更多的人转化为中产阶层。中国的独生子女一代已经逐渐成长为社会的中坚力量，但住房、教育、医疗等问题不解决，当前的消费主体就还很脆弱，潜力也得不到充分释放。

"软基建"的目标就是以社会改革为解决这些问题提供制度保障，让更多民众共享发展成果。"软基建"不是单纯的经济概念，还是社会和制度概念。把更多人口带入中产阶层，培育橄榄型社会结构。有了庞大的中产阶层，才能保证社会发展方向不会轻易失衡。

相比于美欧发达国家，不少亚洲国家和地区在这方面更值得学习。他们吸取了美欧近代以来的教训，主动推进医疗、教育、公共住房等方面的社会建设，培养有益于社会稳定的中产阶层，从而避免重蹈欧洲经历长期社会暴力和战争的覆辙。比如日本的"国民收入倍增计划"，新加坡"居者有其屋"的公共住房政策，都用适合自己的方式做大了中产阶层。

20世纪60年代至70年代，日本启动了"国民收入倍增计划"。到该计划完成时，日本已相继超越法德等欧洲国家，成为资本主义第二大经济体。该计划不是没有副作用，但是它的确改善了日本的经济结构，实现了比较充分的就业，最重要的是打造了一个强大的中产阶层，有利于日本社会长期平稳。

"软基建"的另一重意义是激励创新。中国经济在发展，但创新不够。我们的创新主要在管理、运用等商业模式上，技术上的原创还远远不够。没有原创，就只能是依附型增长。华为是我们最好的IT企业，但美国一断供，还是面临这么大的困境。因此，我们要从应用大国更快成为原创大国。

中央提出建设创新型国家，而创新也离不开庞大的中产阶层。日本成为科技强国和创新大国的过程，几乎同步伴随着中产阶层的崛起。地狭人多的新加坡能实现经济和科技起飞，与合理解决住房负担也不无关系。创新需要冒险，也需要制度性保障。对于缺少冒险文化的国家来说，更需要社会有一套比较完善的福利保障体系，让人们将为生计耗费的心力投入到创新、创业中。

然而，公共福利不是资本发展本身的逻辑，而是社会改革的产物。要强调的是，经济转型中尤其要注意保护农民的合法权益。中国经济腾飞至今，农民贡献巨大。在经济新常态阶段，要通过"软基建"更好地回馈农民，让他们也能更多地进入中产阶层。

必须打造世界级经济平台

中国必须更加坚定地扩大开放，打造世界级的经济平台。党的十八大重申了扩大开放的决心，这是中国政治领导层智慧和理性的体现。但在新常态下，中国要加强自己的国际竞争力，就必须更加重视对大湾区、长三角、海南岛等开放型经济区的打造。如果没有几块大的世界级经济平台，是不利于实现经济转型的。

改革开放以来，中国与西方发达国家的差距迅速缩小。但西方在经济平台与科学技术上的优势依然明显，因为西方最好的技术与人才还都留在西方。疫情后，这些生产要素是否能被吸引到中国，是值得思考的问题。

西方优势生产要素之所以无法向发展中国家流动，除了发展程度存在差异，西方嵌入式经济平台的整合优势是重要原因。如美国旧金山湾区和日本东京湾区，由于政策、人居、文化和开放程度等优势，资本、技术与人才深深地嵌入和整合到这些地域。一旦离开这块地域，这些要素就难以发挥既有的作用。

中国目前还没有这种级别的经济平台。像珠三角这样的制造业中心，在今天就面临实体产业不断流出的挑战。中国需要通过扩大开放，打造几个世界级经济平台，才能增强自己的不可替代性。

《战国策》记载了相国邹忌劝谏齐王，使齐王通过明修内政"战胜于朝廷"的故事。新型冠状病毒疫情的爆发，客观上更加凸显了国家治理能力的重要性。因此，中国还是要有自己的战略定力，通过改革开放充实自己的"内功"。

第三章

后疫情时代的有限全球化

一、疫情与全球政治危机

当新型冠状病毒（COVID-19）疫情蔓延到中国各省，并同时在世界其他地方爆发时，中国上上下下把病毒视为"敌人"，进行了一场"举国体制式"的抗疫运动，封城、封路、分格状管理，在短短数天之内建立了"两山"医院，举措前所未有。与此同时，西方媒体则异口同声谴责中国，在用人权、民主、信息自由等评判中国之余，更多人相信新型冠状病毒疫情正在导致中国的政治巨变，相信正如"切尔诺贝利时刻"是苏联解体的转折点，新型冠状病毒疫情也正演变成中共的生存危机，成为其解体的转折点。

现在，中国"举国体制式"的抗疫终于见到了阶段性的成效。在付出了巨大代价之后，新型冠状病毒疫情在中国基本得到控制，各级政府在继续关切病毒扩散的同时，把恢复经济活动提到了最高的议程。

但现在轮到那些受疫情影响的其他国家的政府和社会疲于应付。在越来越多的国家，民众的批评声音四起。抱怨似乎是媒体和民众的天性。日本、韩国、伊朗、美国、意大利等凡是被疫情威胁到的社会，民众无不抱怨政府，甚至产生了相当规模的社会恐惧。

中国政府具有强大的管控能力，使得疫情所导致的恐慌没有爆发出来，没有演变成为西方评论家所普遍认为的"政治危机"。现在的问题在于，西方各国有没有能力控制疫情？疫情是否会演变成全球政治危机？提出这样的问题并非危言耸听。如果人们能够撇开意识形态的有色眼镜，客观地看问题，不难发现，所有国家不管政治体制如何，都面临同样性质的问题、同样严峻的挑战。实际上，西方那些用于批评中国的观点，也可以用来批评西方现在所面临的问题和挑战。说穿了，如果用意识形态和政治立场来看待自己的问题和他国的问题，最终只能是自欺欺人。

全球治理的共同问题

在全球范围内，各国所面临的共同问题有哪些？人们至少可以从如下几个方面来讨论。

第一，是否存在着一个有效政府和强有力的领导集团？在危机时刻，社会的信心变得极其重要。就这次新型冠状病毒来说，在很大程度上，由疫情所导致的社会恐慌要比疫情本身给社会秩序造成的压力更大。社会恐慌不可避免，所有受疫情影响的国家都出现了抢购潮，只是程度不同罢了。一个有效政府和强有力领导层的存在，对减少甚至遏制社会恐慌至关重要，这不仅关乎社会对政府的信任，也关乎政府是否有能力动员资源来有效抗疫。无论是日本、意大利，还是美国，社会最担心的也是这一点。

很多年来，第二次世界大战以来建立的西方民主制度和自由资本主义制度受到质疑和挑战，强人政治抬头和民粹主义崛起，内部政治纷争不断，已经大大弱化了政府的有效性。在这种情况下，能否有一个有效政府和强有力的领导集团来应对疫情，是各国精英和民众最为担心的。安倍晋三是日本执政最长的首相，但新型冠状病毒疫情使得他面临执政以来最严峻的挑战。美国总统特朗普就新型冠状病毒疫情发表了全国电视讲话，但他对待病毒扩散的态度，几乎受到美国媒体和民众的一致批评和攻击。迄今，似乎还没出现一个民众能够足够信任的政府和领导集体。

第二，是否具备足够的人财物力来应对疫情？无论政治体制如何，无论经济发展水平如何，新冠病毒一扩散到哪里，哪里就出现资源短缺的情况。美国、意大利、日本和韩国都是发达国家，都被视为拥有优质的公共卫生系统，一些国家平常更是他国学习的榜样。但疫情危机来临，没有一个国家有所准备，全都陷入了全方位的物资短缺的困境，连简单的口罩、防护服和洗手液等日用品都不够用，要么是本国早已放弃生产能力，要么是储备不足。不发达国家如伊朗的情况更是严峻，以至于不得不暂时释放大量罪犯来防止疫情的扩散。一些国家更是因为没有足够的资源，而放弃了病毒检测。

第三，中央和地方之间的制度矛盾。中央地方关系是中国所面临的一大问题。早期地方官员隐瞒疫情的情况，显然和中央地方关系有关。这个问题也出现在其他所有国家（除了只有一级政府的新加坡）。美国是联邦制，在公共卫生领域，联邦政府拥有权力，但因为特朗普政府被普遍视为"不作为"，各州政府便自行其是，宣布进入紧急状态。

在意大利，中央政府先是突然宣布封锁部分地区，后又宣布全国封锁，但地方并没有准备好，显得手脚忙乱，不知道如何执行中央的政策。日本安倍政府修法，赋予首相颁布国家紧急状态的权力，一旦首相具有这种权力，日本地方自治就要受到很大的影响，首相扩权的举动因此引发了地方和社会的质疑。这一切使得所有这些国家的中央和地方关系出现了乱象，平常运作良好的体制在危机面前表现得极其脆弱。

如何发挥专业人员的作用

第四，专业机构是否有足够的权威和权力？在疫情方面，这里的专业机构主要指疫控专家和医生等。在医疗和公共卫生领域，知识的权力是不言而喻的，无论是对病毒本身和传染性的判断，还是如何有效地遏制病毒，几乎所有环节都涉及非常专门的知识，这些知识是其他群体（包括政治人物）所不具备的。正因如此，专业机构和专业人员拥有很高的社会信任度，社会对他们的信任要远远高于对政治人物的信任。新型冠状病毒发生和传播以来，这个群体在各方面都扮演了很重要的角色。

但这个领域也面临两个主要的问题。其一是专业人员之间的共识问题。在病毒问题上，从病毒的来源和产生，到病毒的演变和扩散，即使专业人员的认识也需要一个很长的过程，在这个过程中，专业人员之间的共识并不多。在知识界，这是非常正常的现象，因为知识体是多元和开放的。不过，在疫情领域，这种观点和判断的多元性，无疑会对社会产生很大的影响。如果专业人员众说纷纭，民众就不知道要听谁的。

其二也是更为重要的，是专业知识经常和政治发生严重的冲突。专业人员和政治人物对事物的考量很不相同。例如专业人员强调以公开透明的方式及时公布疫情信息，这样民众才会产生安全感；政治人物则不然，他们要么需要考量疫情对自己权力的影响，要么需要考虑其他因素（即所谓的"大局"）。这使得专业机构、专业人员经常和政治人物发生矛盾。

美国疾病控制与预防中心（CDC）和总统之间的矛盾即是如此。美国行政部门规定，医院和医生不得随意公布有关疫情的信息，所有信息先要集中到联邦政府来公布。当英国当局宣布不是每天更新疫情数据，而是一周更新一次的时候，社会就哗然了。人们原来都以为，所有这些事情只会发生在中国的"威权主义"体系里，却发现各国都是如此。尽管专业机构和政治机构都可以找到为自己辩护的理由，但这无疑损害了专业机构和人员的权威和权力。

第五，媒体能够发挥怎样的权力？在西方，媒体一直以报道真相为己任，被视为独立的权力。的确，自由的媒体无论对政治人物还是老百姓都可以产生巨大的影响。在疫情期，西方媒体又是否有完全的言论自由呢？实际上，一旦行政当局规定疫情信息要集中起来公布（如美国），媒体就很难像平常那样享受言论自由了。这倒不是因为媒体失去了言论自由，而是因为媒体缺失了新闻的来源。很多政府像对待战争那样来对待新型冠状病毒疫情，这样的政府获得了一种特殊时期的权力来限制媒体的自由。尽管人们会质疑政府的这种特殊权力，但在这个时候，民众愿意暂时放弃自己的一些权利来赋权政府。今天的意大利就是这种情况。在美国，媒体和行政当局（总统）之间上演着互称对方制造假新闻、互相指责的大戏。

社会的消极参与积极参与

第六，社会力量扮演一个怎样的角色？新冠疫情的扩散使得病毒获得了"全社会性"，全政府抗疫已经远远不够，只有全社会抗疫才会取得成功。也就是说，社会力量扮演一个怎样的角色，对抗疫是否成功至关重要。

社会的角色主要表现在两个方面，一方面是消极的参与，另一方面是积极的参与。消极的参与指的是社会是否配合抗疫。社会是否配合？这个问题的答案实际上并不明确。今天不管哪个国家，人们总是把目光放在政府身上，但忘了社会是否配合是政府抗疫能否成功的前提。韩国的情况就充分说明了这一点，大部分的案例都来自大规模的宗教活动。即使在新加坡这样被视为有效管控的社会，很多案例也来自群聚活动。

亚洲国家的社会成员往往抱着现实主义的态度，他们很容易在安全和自由之间作出选择。

一个社会所持有的价值观，影响社会是否配合。在亚洲，无论是儒家文化国家还是威权主义国家，社会成员往往抱着现实主义的态度，他们很容易在安全和自由之间作一选择，即选择安全而非自由。对他们来说，道理很简单，没有安全，哪来的自由？但在民主国家，要人们在自由和安全之间作一选择，并不是那么容易的。人们既要安全，也要保持自由。现实情况是，这两者并不总是可以同时获得的。在意大利，人们看到，一方面是政府封城、封国，另一方面是封城、封国形同虚设，人民照样不戴口罩，照常生活。对政治权力感到深度恐惧的人来说，他们宁愿选择在家里孤独地死亡，也不愿看到一个高度集权政府的出现。

一些社会文化因素也妨碍一些国家的有效抗疫。例如不同文化对戴口罩就有不同的理解。在亚洲（尤其在日本），戴口罩往往是表示对人家的尊敬，让人家放心；但在西方，戴口罩的人往往被视为病人，所以经常受到人们歧视。

社会积极的参与方面在中国已经表现出来。尽管中国的治理体制并没有充分考量社会力量的参与，但在这次抗疫过程中，各个社会群体显示了自己的力量。倒是平常被视为拥有强有力社会力量的西方（包括日本），到现在为止，还没看到社会如何组织起来对抗疫情。这或许和西方人把疾病视为私人事务有关。在很多国家，人们所看到的大多是社会的恐慌状态。

这里讨论的所有因素都在影响各国应对疫情的方法和方法的有效性。尽管各国都面临这些问题，但因为各国的政治制度、意识形态、文化、价值观、生活方式等的不同，人们并没有一个统一有效的抗疫模式可以模仿和参照。如果用眼下流行的网络用语来说，就是人家的作业自己没办法抄。因此，尽管中国的方法在中国有效，新加坡的方法在新加坡有效，但没有一个国家可以照抄照搬中国和新加坡的模式。最终，各国都必须找到适合自己社会的有效模式。

所有国家都在和时间赛跑。快速疯狂扩散的病毒不仅威胁人民的生命，也威胁各个社会正常的经济生活。病毒所及的国家，经济活动（无论是内部还是国际层面）都受到极其负面的影响。各国政府针对疫情所采取的必要极端举措（例如封城、封市、封国界等），使得内外经济活动停摆，各国股市震荡，经济危机一触即发。

如果疫情不能在短时间内控制住，如果疫情持续导致全球经济危机，我们距离一场全球范围的政治危机也就不远了。

不管人们喜欢与否，病毒是人类全球化的一部分。这也决定了没有一个国家和政府可以独善其身；要战胜病毒，就需要国家间的通力合作，而非互相嘲笑，妖魔化对方。

二、"超级全球化"与人道主义危机

新型冠状病毒疫情导致了一场全球性的人道主义大危机。每天有无数人染病，也有无数生命逝去。从健康到染病再到死亡，这是一个并不长的过程。如果生命是人类社会的基础，人类智慧的意义就在于拯救生命。不难理解，自新型冠状病毒疫情爆发以来，人们展开了新一轮的政治制度争论，即哪一种政治制度更能拯救生命，更体现生命的价值。

一直高举自由主义大旗的《经济学人》，2020年2月18日刊发了一篇题为《类似冠病那样的疫情在非民主国家更为致命》的文章，对1960年以来所有流行病数据的分析发现，"在任何特定的收入水平条件下，民主国家的流行病死亡率似乎都低于非民主国家"。文章说，主要原因是专制政权"不适合处理需要信息自由流动，以及公民与统治者之间需要公开对话的事务"。

《经济学人》在刊发这篇文章的时候，西方的疫情并没有像后来那样严峻。如果在今天，《经济学人》可能要考虑是否可以刊发这样的文章了，因为很难有经验证据来支持这样宏大的论断。新型冠状病毒疫情横行，没有国别的认同，更没有政治制度的认同。

人们且不作民主与非民主国家的比较，例如中国与美国之间的比较，这一论断也无法对西方的疫情作出解释。西方民主国家一直被视为言论自由、信息自由流通的典范，而且拥有世界上最发达的经济、先进的医疗和公共卫生体制。这如何解释西方所面临的如此严峻的生命危机呢？

新型冠状病毒疫情暴露西方国家的问题

当新型冠状病毒疫情开始在美国大肆流行，总统特朗普宣称美国是安全的，因为美国是世界上最富有的经济体，拥有最强大的医疗体制和数一数二的医疗技术。美国的老百姓则没有感觉到这种安全，因为这个时候能够给老百姓带来安全的是口罩、洗手液、防护服和呼吸机等。在缺乏这些医疗物资的情况下，最强大的经济体也难以为老百姓提供安全。

医疗物资不足是明显的。2020 年 4 月 3 日，纽约州州长科莫在每日疫情通报会上，向公众展示了目前纽约州紧缺的医用防护用品，呼吁纽约州的制造商转产并加速生产，承诺将为转产的公司提供经济帮助。会上，科莫拿起一个 N95 口罩说："令我难以相信的是，在纽约州，在美利坚合众国，我们连这些材料都造不出来，我们都要向中国采购这些材料，我们还互相争抢中国的材料，这些不是什么复杂的材料啊！"

医院病床不足、人工呼吸机不够、一线医疗人员缺乏必要防护设备、底层民众无法负担高额医疗费用，这些都是新型冠状病毒疫情所暴露的美国问题。

与其他民主国家比较，美国拥有较低的医生、病床与人口比率。美国卫生政策非营利组织凯撒家庭基金会（Kaiser Family Foundation）公布的调查报告显示，美国每 1000 人口只有 2.6 名医生，低于意大利的 4 名及西班牙的 3.9 名。虽然美国总体医院员额高于大部分可类比国家，但近半人力并非临床医务人员。

在病床与人口比率方面，美国每 1000 人只有 2.8 张病床，这个数字虽与加拿大、英国相近，但低于意大利的 3.2 张与韩国的 12 张。

美国面临的更大问题是医疗设备、器材的严重不足。在疫情爆发前，全球口罩约一半来自中国，疫情发生后，中国国内口罩需求大增，世界多国也纷纷囤积必要医疗用品，加上美国事前并未针对大流行作准备，国内很快就面临设备器材缺乏的问题。

高昂的医疗费用更是致命的。凯撒家庭基金会检视 2018 年美国肺炎及相关并发症诊治费用，预估在没有出现并发症的情况下，治疗新型冠状病毒肺炎须花费 9700 美元（约 67860 人民币）左右；但若出现严重并发症，治疗费用或高达 2 万美元。这个金额对那些没有医疗保险的美国民众来说，难以负担，因此就算疑似染病，也可能因为担心付不出钱，选择不接受筛检治疗，或拖到情况严重才就医。

这种情况不仅可能让一般民众感染风险提高，也会增加新型冠状病毒肺炎重症病患人数，令医院负担更沉重。而根据美国人口普查局调查，2018 年美国高达 2750 万人没有医疗保险，为总人口的 8.5%。

不过，并非所有民主国家都像美国那样。例如，德国的情况就截然不同。德国在疫情初期也出现过严峻的情况，医疗物资短缺，还截留了本来应当运往他国的医疗物资。但德国很快就扭转局面。德国的新型冠状病毒肺炎死亡率仅 2%，远远低于意大利的 13% 和西班牙的 10%。这里面的因素有很多。英国肯特大学的病毒教授罗斯曼认为，德国新冠病毒肺炎死亡率低的一个关键就是早期确诊，因为这样可以阻止疾病传播。德国每天可进行多达 10 万次病毒检测。

足够的病床是另一个关键因素。德国的人均医院病床比例是世界上最高的国家之一，在经合发展组织（OECD）40 个国家中排名第四位。德国每 1000 人中有 8 张床位，意大利则为 3.2 张。德国的医院数量全欧洲第一，大约为 1900 所。同时，德国的重症监护病房床位大约有 28000 张。

经济和社会的脱嵌

同样是发达的民主国家，为什么美国和德国的情况竟然如此不同呢？人们已经从各个角度来探讨各国抗疫表现的不同，包括不同的抗疫方法、不同的领导能力、不同的治理制度及其能力等。但所有这些解释都忽视了一个结构性的要素，即由全球化所造成的经济和社会的脱嵌（dis-embedded）。

任何国家，经济是社会的有机组成部分，两者是互相嵌入的，即经济嵌入社会之中，社会也嵌入经济之中。一旦经济和社会脱嵌，或者脱钩，就会危及社会的存在，产生生命危机。

经济本来是社会的内部部分，但自近代资本主义兴起到20世纪80年代以来的全球化，西方社会经历了两次主要的经济与社会脱嵌运动。近代资本主义兴起之后，经济被视为一个独立的领域，有其自身的规律，社会和政府无须干预。这是第一波，是经济社会在一个国家内部的脱嵌。20世纪80年代以来则经历了第二波脱嵌，因为全球化，这一波的脱嵌发生在国际层面，资本在全球范围内流动，各国逐渐失去经济主权。这一波全球化因此也被称为"超级全球化"。

波兰尼（Karl Polanyi）在《大转型》中描述了第一波脱嵌。18世纪末和19世纪上半叶发生了两种变化，第一种变化发生在经济领域。工业体系迅速扩张，改变了商业和工业之间的关系。生产涉及大规模的资金投资，生产商不愿意由政府来控制投入供应或产出渠道。与此变化密切相关的第二个变化，则是经济自由主义的兴起。作为一套思想体系，经济自由主义相信市场具有自我调节能力，并在此基础上为一系列新的公共政策提供辩护，促进土地、劳动力和资本之间的市场调节。这也就是英国"放任自由"经济学的起源。

根据波兰尼的说法，这种自由放任经济哲学的"诞生之初，只是对非官僚主义方法的一种偏好……（然后）演变成一种名副其实的信仰，认定人类的世俗救赎可以通过一个自我调节型市场来实现"。亚当·斯密用"看不见的手"为自由市场作辩护，但到了马尔萨斯（Thomas Malthus），则接受了贫穷是自然秩序的一部分。

社会达尔文主义的"适者生存"，也对经济自由主义产生了巨大的影响。说到底，在和社会脱嵌之后，经济成了自主的"自然秩序"；因为"自然秩序"是不可改变的，社会必须也只能服从这个"自然秩序"。无疑，这种观点直到今天仍然拥有很多信仰者，无论在实践领域还是在理论领域。在实践领域，美国有不少人主张救经济要比救人更重要；在理论领域，20 世纪 80 年代之后的所谓新自由主义经济学，把自由市场推到了前所未有的高度。

经济自由主义的确推动了经济发展，但社会为此付出了巨大的代价。这是一个被人们称为"原始资本主义"的阶段，人成为资本的奴隶。社会的惨象在马克思、雨果、狄更斯的作品中得到充分的描述和分析。这也是一个动荡的年代。资本主义的惨无人道性质，导致欧洲社会主义运动的兴起。

社会主义运动推动了从原始资本主义到福利资本主义的大转型，而最终造成今天人们在欧洲所见的社会民主主义或民主社会主义。很显然，这种转型并非经济和资本发展的产物，而是社会斗争的产物。福利社会既照顾了资本的利益，也照顾到社会的利益，政府通过税收政策向社会提供医疗、教育和公共住房等服务。

全球化带来的利弊

社会主义产生在欧洲，欧洲尤其是北欧国家也成为社会民主主义的大本营。德国最为典型，基本上实现了社会和经济之间的平衡，德国的经济也被称为"社会市场体系"。而直到今天，在所有民主国家当中，作为资本主义大本营的美国，是抵制福利社会最强烈的。奥巴马总统期间想进行一些具有欧洲社会主义性质的改革（例如针对社会底层的医保改革），但特朗普一上台就废除了。

尽管美国也有向欧洲民主社会主义学习的呼声，实际上也有民主社会主义的需要，但美国仍然是一个资本主导的社会，整个体系围绕着资本的利益运作。这可以解释前文所讨论的德国和美国在抗疫行为上的巨大不同。

应当说，西方福利社会并没有实现经济和社会的互相嵌入，而是解决了两者脱嵌所产生的问题，使两者达到一个均衡状态。但20世纪80年代之后数十年的经济全球化，则在更大程度上导致经济和社会的脱嵌。这一波全球化的主要特点，就是资本、技术和人才在全球范围内的快速和高度流动。如同上一波，支撑这一波脱嵌的是新自由主义经济学。

经济和社会在全球层面（超国家层面）的脱嵌，导致各国失去了经济主权。今天，没有一个国家的政府可以宣称拥有经济主权。如同经济和社会在主权国家内部的脱嵌，全球化也大大促进了生产要素在全球范围内的自由配置，进而创造了巨量的财富。

结果呢？今天人们都在问：个人在全球化中得到了什么？社会得到了什么？国家得到了什么？答案似乎很清楚，那就是全球化除了产生了极少数富人之外，个人没有得到什么，因为收入和财富分配越来越不公；社会没有得到什么，因为中产阶层越来越小，社会越来越分化；国家也没有得到什么，因为国家失去了就业，失去了税收。

新型冠状病毒疫情则指向所谓的国际劳动分工所带来的生命代价。西方发达经济体都面临医疗物资短缺的问题，这并不是说这些国家没有能力生产医疗物资，而是不生产了。在全球化下，发达国家把很多低附加值的生产线或产业链，迁到劳动力和土地价格都比较便宜、环保要求不高的发展中国家去了。

在和平时期，国际市场可以正常营运，谁都可以从全球范围内的劳动分工中获得利益。然而，一旦像新型冠状病毒疫情那样的危机来临，各国政府都转向内部需要，所谓的全球市场甚至区域市场就不再存在。在这种情况下，很多发达国家面临物资紧缺的境况，挽救不了老百姓的生命。

经济和社会可以脱嵌，但社会和政治不可以脱嵌。在民主社会，政治权力来自社会。"一人一票"使得政治和社会互相嵌入更为深刻。那政府如何解决经济和社会脱嵌所带来的问题呢？在全球化状态下，政府没有经济主权，没有任何有效方法来限制资本、技术和人才在全球范围内的流动。一些经济学家提出了"全世界政府联合起来"的设想，但这仅仅是乌托邦，因为很显然政府不是统合世界而是分化世界的主角。

唯一的办法就是改变全球化的方式。当推动全球化的发达国家，因为全球化而挽救不了本国老百姓生命的时候，人们就必须严肃检讨和拷问全球化了。这也就是为什么今天人们那么热烈争论全球化的未来。无论这场争论会导向什么样的政策结果，可以肯定的是，只要一个国家的经济和社会继续脱嵌，大规模的生命危机还会发生。

三、自由主义国际秩序倒塌了

美国总统特朗普 2020 年 5 月 29 日宣布，美国将退出世界卫生组织。这似乎在人们预期之中，因为之前（2020 年 4 月 14 日）他已经宣布美国暂停资助世卫组织。特朗普指责世卫组织在新型冠状病毒疫情上的决策以中国为重心，没有及时分享疫情信息、没有及时提供防疫政策建议、没有及时宣布"全球大流行"，所以"在这么长时间后，是时候让他们为此负责了"。

对特朗普治下的美国"退群"行为，人们已经习以为常。这些年来，美国已经退出《跨太平洋伙伴关系协定》（TPP）、联合国教科文组织、《全球移民协议》、联合国人权理事会、伊核协议、《苏联和美国消除两国中程和中短程导弹条约》（简称《中导条约》）、《巴黎气候协定》，等等。退出世卫组织是不是另一个"退群"行为呢？

事情可能并非"退群"那么简单。特朗普执掌美国后，其外交政策取向，经历了一个从非常态美国的经济思维，向常态美国的权力思维的转变。初期，特朗普的口号是"让美国再次伟大"。他的判断是美国在海外卷入已经过度，让美国承担了过多的维持国际秩序的负担，所以美国要减少海外的承诺。在这一点上，特朗普其实并没有什么新意。其前任奥巴马已经这么做了，只不过奥巴马没有像特朗普那样，明确提出"美国优先"的口号，也没有像特朗普那样，采取激进的"退出"政策。

再者，具有商人背景的特朗普更多的是从经济成本来计算美国的海外卷入。因此，当他觉得美国所出的钱和所享受的权力不对等时，他就要减少美国的份额。在这一点上，他对盟友也是如此。这些年来，特朗普和欧洲国家、日本、韩国等盟友一直纠缠于同盟费用分担问题。

特朗普政府的"退群"行为过于激进、过于以美国为中心，自然受到美国精英阶层和盟友的抵制。在他们看来，"退群"意味着美国国际影响力的衰退，美国作为大国"没有大国的样子"了。"退群"甚至受到美国强硬派的反对，因为对他们来说，"退群"在很大程度上，意味着把国际空间白白让给中国或其他国家。

一个不可忽视的事实是，当美国拼命"退群"时，崛起中的中国已经在国际舞台上变得更加活跃。例如，根据西方观察家的说法，在联合国 15 个专门机构当中，中国取得 4 个机构的领导岗位，包括粮农组织（FAO）、工业发展组织（ONUDI）、联合国国际电信联盟（UIT）和国际民航组织（ICAO）。世界卫生组织总干事更被西方认为是亲中国的。

公共产品不足冲击国际秩序

不管如何，美国的行为意味着现存国际秩序的倒塌。美国 19 世纪 90 年代成为世界上最大的经济体，从第一次世界大战开始卷入世界事务，第二次世界大战之后领导整个西方建立了所谓的"战后国际秩序"。以联合国为核心的一系列国际组织，是这个国际秩序的制度体现。在战后很长的时间里，美国的确能够扮演这个体系的领导者。

尽管人们一直在呼吁国际体系"民主化"，但实际上国际体系远比国内体系更难民主化。例如，尽管在联合国内部，每一个国家都有发言权，但并非每一个国家都享有同样的权力。其他所有国际组织体系内部都是如此。事实上，因为美国是世界上最大的经济体，提供国际秩序生存和发展所需要的最大份额的国际公共产品。在学术界，吉尔平（Robert Gilpin）称此为"霸权稳定"。哈佛大学约瑟夫·奈（Joseph Nye）近年来提出的"金德尔伯格陷阱"（The Kindleberger Trap）也是这个意思。就是说，国际秩序的维持和稳定，需要足够的国际公共产品，一旦国际公共产品不足或缺失，国际秩序就遇到大麻烦了。

不过，美国扮演国际体系领导角色，并不意味着美国在独自提供国际公共产品。美国的领导角色是具有一系列条件的。第一，美国在提供最大份额的同时，也要求其他国家尤其是其盟友（大多是发达的西方国家）提供份额，而且美国也有能力要求其他国家这么做，其他国家也的确这么做了。第二，国际体系的开放性。美国主导国际体系，但并非独享国际体系的权力，而是向其他国家（大多是西方盟友）开放这个体系。其他国家进入这个体系，并接受这个体系的等级性，也即接受美国的领导权。第三，作为它们接受美国领导权的交换，美国也向这些国家开放其庞大的市场。

不管怎样的条件，就如意大利新马克思主义者葛兰西（Antonio Gramsci）所言，霸权地位的获得，是因为霸权者能够超越自己的利益，而照顾到其他角色的利益。

无论从哪个方面看，今天的美国失去了其往日的国际领导能力，而且失去得很快。美国似乎没能跳出从前所有帝国的生存和发展逻辑——崛起、扩张、扩张过度、力不从心、衰落。尽管没有人会预测美国最后的衰亡，但人们都认同今天美国的力不从心和相对衰落。

从这个角度来看，特朗普从国际转向内政的方向并没有错。美国如果继续扩张，在海外卷入过多，会衰落得更快。

美国的衰落一定意味着国际秩序的倒塌吗？不一定。就国际公共产品来说，如果美国没有那么大的提供能力了，其他国家也可以提供。全球化造就了"全球村"，各国互相高度依赖，更需要足够的国际公共产品。全球化也促使包括中国在内的一大批新兴国家崛起，这些新兴国家拥有强大的经济力量，也有能力为国际秩序提供所需的公共产品。

分享国际权力，维持国际秩序

如果这样，就不会产生国际秩序危机。国际秩序危机的产生，并不是因为缺少提供公共产品者；公共产品的不足，是国际政治造成的。说穿了，"国际公共产品"只是国际权力政治的漂亮包装盒。究其实质，国际公共产品的背后就是国际领导权。吉尔平的"霸权稳定"理论，要比"国际公共产品"更能说明国际政治的本质。

这也就是今天中美两国在国际舞台上较量的本质。美国失去了国际领导力，而中国快速崛起，也愿意承担更多的国际责任，或者提供更多的国际公共产品。这也是前些年曾任美国贸易代表、美国副国务卿和世界银行行长的佐利克（Robert Bruce Zoellick）所提出的"利益相关者"（stakeholder）概念的初衷，即美国通过和中国分享国际权力，来维持现存国际秩序。

作为第二大经济体的中国，多年来变成战后体系最坚强的维护者。在崛起过程中，中国并没有"另起炉灶"，而是选择加入现存国际体系，再通过改革现存世界体系来改变自己的地位，发挥更大的国际作用。表面看，中国的选择无论对中国本身还是对美国来说，是最优的选择，因为这种选择可以避免给现存国际体系带来震荡。

但在国际政治领域，问题没那么简单。无论在维护战后体系，还是想在现存体系中扮演更大的角色，中国所面临的挑战是巨大的。

首先，美国不会退出国际政治舞台。尽管美国已经力不从心，但它仍然是世界上最多"最"的国家，包括最大的经济体、最大的市场、最具创新力的企业制度、最强大的军事力量等。一个拥有那么多"最"的国家，不仅不会退出国际政治舞台，也不会想和其他国家共享国际权力，尤其是与一个同自己的文化、价值体系、意识形态和政治制度那么不相同的国家共享权力。这与战后英国和平地向美国移交国际霸权很不一样。英国"光荣退出"（gracefully exit）国际领导权，美国成为国际体系的领导者，不仅因为欧洲国家之间发生过激烈战争，除了免于战争的美国，西方列强没有一个有能力领导世界，也因为英美两国的同质性。

其次，即使美国没有能力领导世界了，西方国家能够接受中国吗？尽管这个世界并不是西方的，但不管人们喜欢与否，这个世界秩序是西方世界确立的，也一直为西方世界所主导。尽管世界秩序的开放性，使得其他非西方国家能够参与其中，但非西方世界从来没有领导过世界。即使其他国家接受了中国的领导角色，但如果没有西方世界的接受，中国也很难领导世界。至少从现在看来，西方世界并没有任何意愿接受中国的领导；相反，西方诸国时刻警惕中国是否会取得国际领导权。此次疫情，西方一直竭力提防中国在抗疫过程中取得国际领导权，背后的理由不言自明。

中国人相信国霸必衰

再次，也更为重要的是，中国本身一直表示无意和美国竞争领导权，领导世界。这一方面是因为客观上中国并没有足够的能力来领导世界。尽管中国是世界第二大经济体，并且在不远的将来会超过美国，但即使这样，中国的人均国民所得仍然远远低于美国，而且在科技、创新、军事、企业制度等方面会继续落后于美国。在"两会"记者会上，中国总理李克强强调，中国还有 6 亿人口的月收入水平在 1000 元人民币左右。这表明，中国将会长期处于发展中国家的位置。另一方面，中国的确没有这样的意愿。国霸必衰，中国人是相信的。大英帝国、日本、苏联都在争霸过程中衰落了。如果那么强大的美国领导世界都那么吃力，为什么要去抢美国的领导权呢？

中国是世界体系的一部分，也从这个世界体系中获益。中国需要维持这个秩序，也愿意和其他国家尤其是美国合作，来维持这个秩序。这也就是中国对佐利克的"利益相关者"概念感兴趣的原因。中国相信，只要中美两国合作，什么问题都能解决；但如果两国发生冲突，那将是世界的灾难。

然而，美国并不这样想。美国相信，中国如果继续发展下去，迟早要抢美国作为世界领导的地位。

美国没有强大的领导能力了，但也不会自愿放弃国际组织；中国还没有足够的能力和意愿，也不想成为现行体制的破坏者；而西方诸国既要维护现存国际秩序又要提防中国。这意味着现存国际组织很有可能存在下去，但会越来越政治化，成为主要主权国家作国际政治斗争的工具。正因为是斗争，各国互相制衡，国际组织的激进改革也不可能达成，所以它们的效率会低下，腐败会继续存在，越来越不能满足成员国的需要。

这种情况显然并不符合各国的利益。各大国会如何回应？新的秩序在哪里呢？尽管包括基辛格在内的诸多外交家和外交观察家都在预测新秩序的出现，但一个新秩序的出现不会那么容易。新秩序肯定不会通过修补旧秩序而造就。历史经验表明，新秩序必然起于区域和局部，自区域秩序和局部秩序而扩展延伸为国际秩序。

无论是中美贸易摩擦，还是由新型冠状病毒疫情引起的中国和美国、中国和西方的角力，都表明世界正朝着"一个世界、两个体系、两个市场"转型。如果现存国际组织被弱化，"一个世界"必然被虚化，两个体系、两个市场便是实体。

如果这样，人们也没什么可以惊讶的。第二次世界大战之后，尽管有了以联合国为中心的体系，但西方体系如"七国集团"（G7）依然存在，并且很多国际问题是通过西方体系得到解决，而非联合国体系。中国早已开始为现存世界体系作补充，例如金砖国家、金砖银行、亚洲基础设施投资银行和"一带一路"等。英国政府已经在推动组建一个"十国集团"（原来的 G7 加上澳大利亚、韩国和印度），研发 5G 技术来对抗中国。如果将来出现另一个 Gx 之类的集团，来支撑另一个体系和市场，那可能也是国际政治客观规律所致，而非中国的初心。如果全球化持续推进，甚至一些国家同时成为两个体系、两个市场的成员国，也没什么好惊讶的。

至于中国如何使得这个体系和市场具有竞争力，实现可持续的发展，那是需要另外探讨的重要问题。

四、新型冠状病毒和"大国不亡"的逻辑

新型冠状病毒疫情在全球范围内的扩散，无疑是对各国方方面面的一个大检验。影响各国抗疫成效的因素很多，包括制度、动员能力、人财物的可得性、老百姓的文化和生活习惯等。不过，有一个因素非常重要但经常被忽视，那就是国家的规模。

与小国或中等国家相比，大国抗疫不见得是最有成效的，但大国是最有韧性的。大国动员不易，在初期都会出现一定程度的乱象（无论是中国还是美国），但一旦动员起来，通过内部因素的不同组合，大国韧性就开始显现，形成一个自给自足的系统，不太容易受外在环境变迁的影响。小国和中等国家则不同，小国如果存在一个有效政府，动员容易，抗疫容易出成效。不过，中小国家内部韧性差，如果疫情持续，弱点就暴露出来。更严重的是，一旦外在环境变化，中小国家很容易成为孤岛。

比较一下中国和欧盟的抗疫就可以理解这一点。武汉爆发新型冠状病毒并向其他省份扩散，所以控制武汉（湖北）成为抗疫成功的关键。为了遏制湖北疫情，中国的举国体制发挥了关键作用。中央政府协调对湖北进行援助。中央政府在2020年2月上旬成立了省际"对口支援"医疗救治工作机制，统筹安排19个省份对口支援湖北省除武汉以外的16个市、州、县级市，组建由医护、管理、疾控专业人员组成的支援队伍。外省援助湖北医疗队达到344支，共42322名医护工作者。

封城、封小区、封路、断航，在很短时间内建设"两山"（"雷神山"和"火神山"）医院，所有这些都是各方有效协调的结果。虽然期间出现

了中央与地方之间、地方与地方之间的一些矛盾（例如一些地方扣留运往其他地方的口罩），但因为中央集权制的存在，这些矛盾很快得到解决。

欧洲国家成抗疫"孤岛"

欧盟的情形就不一样了。欧盟可以说是人类历史上的一大奇迹，它是由主权国家结成的政治单元。通过经济、社会、政治等方面的整合，不管从哪方面来说，欧盟都取得了辉煌的成就，一些人称欧盟是"新帝国"。不过，因为欧盟本身不是主权体，协调成员国的权力非常有限，这些年更开始衰退。英国的脱欧不是偶然，而是具有必然性。这次新型冠状病毒疫情对欧盟构成了前所未有的危机，很多成员国变成了无助无援的"孤岛"。

在欧盟，尽管人们都知道各国必须合力应对病毒全球大流行，欧盟议会早期也强调团结的重要性，但随着疫情在欧洲的大规模扩散，各主权国家之间就出现严重的矛盾和纠纷。欧盟各国领导人为了满足本国人民的需求，无法按照欧盟的诸多框架行事。法、德两个欧盟最大的国家虽然口头上表示团结，但都出招确保口罩等防疫装备留在本国。法国出政令变相"充公"全国口罩，以防止囤积居奇。德国不仅禁止口罩等医疗装备出口，而且扣留了运往瑞士、奥地利的口罩。

意大利驻欧盟大使马萨里（Maurizio Massari）2020 年 3 月 10 日撰文，题为"意大利需要欧洲施援"，公开抱怨欧盟各国见死不救。文中提到，虽然意大利已经通过欧盟民事保护机制向欧盟求救，但没有成员国响应欧盟委员会号召，为意大利提供口罩等医疗装备，只有中国施援。他坦言，"这对欧洲团结而言并非好事"。等到中国的援助物资 2020 年 3 月 12 日抵达意大利后，欧盟委员会加紧向德、法施压，要求两国修改法令，两国最终依照欧盟的要求行事。

意大利还是欧盟内部的大国，较小国家的情况更加糟糕。塞尔维亚就是一个例子。2020 年 3 月 15 日，塞尔维亚总统武契奇发表电视讲话，宣布塞尔维亚当即进入紧急状态。武契奇强调，困难来临之时，我们不能寄希望于欧盟，唯一会向塞尔维亚伸出援助之手的只有中国。

除了物资，欧洲各国相继封关，也加深了它们之间的隔阂。德国对接壤的奥地利、瑞士、法国、卢森堡和丹麦的边境实施临时管制，招来法国的不满，法国总统发声明谴责部分欧盟国家单方面实施边境管制。

大国在抗疫方面所显示的优势和力量，使人想起了近代一段时间经历过的"中国不亡"的大讨论。近代中国被西方力量打败，一部分精英人物尤其是知识和政治精英，对国家失去了信心。其中五四新文化运动的主将胡适是典型例子，他曾宣称"中国不亡，是无天理"。他在《信心与反省》中进一步解释，"今日的大患在于全国人不知耻，所以不知耻者，只是因为不曾反省"。

在很大程度上，很难说胡适的话只是"愤青"式的表现。在每一次危机来临的时候，政治和社会的各种乱象的确会给人一种"国将不国"的感觉。这次新型冠状病毒疫情爆发之初所暴露出来的问题，使得一些人感觉到怎么会有那么多的弊端存在，从个体、组织到体制，从地方到中央各个方面，似乎没有一个环节不存在问题。因此，抱怨声充斥了整个互联网空间，造成一波接着一波的舆情危机。

大国为何不会亡

但是，一旦意识到问题之所在，整个国家就开始动员起来，就进入了前文所描述的举国体制模式。在很大程度上，这个模式也是历史上经常出现的模式。这里，如果把"中国不亡"换成"大国不亡"就更容易理解大国在应对危机过程中的优劣和最后"不亡"的道理。人们可以从以下几个角度来讨论。

面临危机，大国动员很慢。如果不能动员起来，就有可能"亡国"；一旦动员起来，就能显示出巨大的能量。历史上，一旦朝廷面临危机，开始时总是众口难调，异常地混乱，好像没有人负责似的，任形势一步一步地恶化。这个时候，知识人的批评、民间的叫骂不断、恐慌流传，更强化着人们的悲观失望感。但因为国家大，人口基数大，总有人会在危机之际站出来，高呼一下，形成庞大的力量拯救国家。这些人既可以来自体制内的"改革派"，也可以来自体制外的"革命派"。如果体制内的"改革派"获胜，就叫"革新""复兴"或"中兴"；如果是体制外的"革命派"获胜，就叫"改朝换代"。

这里需要区分一下"朝廷"和"国家"两个概念。明末顾亭林（顾炎武）说，朝廷可以亡，但国家不会亡。满洲人入主中原后，整个明王朝就亡了，但顾亭林说，一个"国家"的兴亡是小事，"天下"兴亡才是大事。他这里所说的"国家"，指的是政府的政权，或者"朝廷"；他所说的"天下"，指的是民族和文化。因此，他说，"天下兴亡，匹夫有责"。到了近代，梁启超也很清楚地区分了"朝廷"与"国家"，"朝廷"可以兴衰成败，但国家并不是朝廷的国家，是大家的国家。其实，这也是人们所说的，中国文明是唯一没有中断的文明的原因。朝代兴亡，但国家并没有灭亡。为什么"国家不亡"呢？

钱穆先生在1971年出版的《中国文化精神》中说："依我个人论，我已经过了七十之年……在此七十年中，便有人说过，'中国不亡，是无天理'。但生命中有感情，便是一'天理'。我将换一句话说，'中国人不爱中国，则是无天理'。世界各民族都如此，不是只有中国人如此。"

那么大的一个国家，在危机面前，什么样的人都会有，汉奸、投降派、"带路党"、告密者、贪生怕死者、消极悲观者、冷嘲热讽者、打打杀杀的"义和团"者，等等。也正因为国家那么大，只要钱穆先生所说的"国家情感"这一"天理"存在，总会有伟大者或英雄在危机时刻登高一呼的。

大国的"东方不亮西方亮"效应

正因为国家之大，在危机时期，就会有"东方不亮西方亮"的效应。中国犹如整个欧洲，或者说是具有一个强有力主权中央政府的欧洲。这里至少会有三种情形：

其一，一场危机发生了，不至于所有的省份都发生危机，总有一些省份是好的。

其二，因为具有一个统一的政权，没有危机的省份可以支援危机省份，富有省份可以支援落后省份。当代中国一直实行所谓的"对口支援"，这个实践一直是中国的传统，历史上都是如此。例如，历朝历代，政府税收大多数来自几个富有省份，政府一直扮演着区域之间的"均贫富"功能。

其三，即使有人为的政策错误，也很难覆盖到整个国家。天灾造成的危机不可能具有全国性，而人为的错误则是有可能成为全国性的。不过，因为中国之大，一个政策（无论是正确的还是错误的）的执行和落实是一个漫长的过程。在这个过程中，无论对中央政府还是对地方来说，都具有"试错"性质，不断产生纠错的机会。只要掌权者不那么固执己见，一错再错，一个错误就很难产生全国性的影响。

中国历史上分分合合，"分"的时间实际上比"合"的时间更长，但为什么"分"没有成为常态，而最终还是回到"合"的状态呢？除了钱穆先生所说的"国家情感"这一"天理"的存在之外，人们最终选择中央集权制下的大一统国家，国家规模所带来的巨大利益和福利便是一个重要因素。在存在一个强大中央政府的前提下，不管发生什么危机，最终都能应付过去，回归常态。

大国有大国的问题，大国可以问题百出，但大国吸收和解决问题的能力也不是一般国家所能比拟的。不过，人们绝对没有任何道理为大国规模所带来的优势而沾沾自喜，不求进步。例如，传统意义上的"朝廷亡，国家不亡"是远远不够的，因为每一次朝代更替，带来的生命牺牲和社会经济代价是巨大的。人们必须通过各种体制的改革，来实现"朝廷不亡"。

同样，政府应对危机的最初能力必须大幅度提高。每次危机发生之初，如果政府能够及时有效地应对，就可以在最大程度上减少甚至避免生命的牺牲和社会经济的损失。无疑，这些也是今天中国国家治理制度改革的任务。

五、疫情之后的"有限全球化"

新型冠状病毒疫情之后，各国都会想方设法收回更多经济主权，全球化方向会发生变化，即变为"有限的全球化"。具体来看，这次疫情中，美国欧洲等发达经济体，虽然具有最发达的医疗系统、公共卫生系统，但疫情发生后情况依然很惨烈，一个重要原因是20世纪80年代以来的全球产业转移，使得口罩、洗手液、呼吸机等医疗物资产业链大量转移到中国等发展中国家，欧美国家自身的生产能力大幅降低。中国在抗击新型冠状病毒疫情的过程中，之所以能在短期内取得巨大成效，不仅缘于全国统一行动的制度优势，也因为医疗物资产能相对充裕的经济优势。虽然刚开始医疗物资也曾出现短缺，但是随着产能快速提升，目前供应已经基本缓解。因此，疫情之后，各国无论从国民生命安全还是经济安全考虑，都会更多地把经济主权掌握在自己手里，全球化将转变为"有限的全球化"。

事实上，从历史上看，20世纪80年代以前的全球化也是有限的全球化，即每个国家都掌握自己的经济主权，并在此基础上进行贸易和投资。80年代后的全球化是更深层次的全球化，生产要素在全球市场进行优化配置。但此次疫情之后，全球化会出现回落，部分产业链将迁回西方发达国家。

不是"去中国化"的过程

有人认为这是"去中国化"，我不同意这一说法。"去中国化"是指美国等国家将其在中国的企业迁到越南、印度等其他国家。实际上，美国等国家主要把境外企业迁回本土，迁出的区域不仅包括中国也包括其他国家。一些国家想投资分散化，即避免投资过度集中在一个国家，这也是正常的经济考量。

同时要看到，欧美不会把所有企业都搬回本国，而是主要集中于两个领域：第一，与国家安全有关的企业，这在中美贸易摩擦中已经体现出来；第二，与公共卫生医疗物资相关的企业。从短期看，"有限的全球化"会对中国经济产生较大冲击。近年来，外贸占中国 GDP 的比重都在30% 以上，外资、外商在中国经济中也占有重要位置。此次疫情对中国企业的影响至少体现在两个方面：其一，中国很多地方的企业复工之后，由于欧美国家的订单减少乃至消失，无法恢复正常生产；其二，疫情结束后，随着美国、日本等国家的企业迁出，将给中国带来比较大的产业调整成本。

但从长期看，中国将从"有限的全球化"中获益。一方面，西方产业不可能全部撤离；另一方面，西方企业撤离后让出的国内市场空间，中国企业可以迅速占领。目前中国是世界上产业链最齐全的国家，而且国内市场广阔，"有限的全球化"对中国企业来说也可以是很好的机会，不仅可以占领西方企业留下的产业链空间，还可以向产业链中的高附加值环节发展。"有限的全球化"下，美国、日本等国家即使将企业迁回本国，也是一个较长的过程，不可能在一年半载完成，对中国，比如具体到对广东来说，会有一个缓冲期。要看到，外资企业来到中国的主要原因就是看中了中国市场，这些企业迁出后，就为中国企业腾出市场空间。特别是，珠三角是外向企业最集中的地区之一，在新的全球化格局下，可以借机发展内需市场。

中日韩区域发展方向值得肯定

中日韩的地理距离不远，文化相近，产业链的区域分布也非常好。这次应对疫情，三国互帮互助，体现出三国政府之间高度互信，整体表现好于欧盟。这样的区域发展方向是值得肯定、有利于区域安全稳定的，应该继续推进。

不过，日本也提出把企业搬迁回去，说明日本对经济形势存在一定担忧。接下来就需要通过进一步加强协作，共同应对危机，避免各国各自为战。

此外，东南亚有很多国家，面积、人口和经济体量上比较小，疫情之后，关乎国计民生的产业可能会放在本国，但是不可能把所有的产业链迁回。就像我常说的"一个世界，两个市场"，即世界上存在分别以中国、美国为中心的两个巨大市场，东南亚不会放弃美国市场，但从产业关联上与中国会更加紧密。

第四章

后疫情时代与
中国的战略机遇

一、中国会再次封闭起来吗

改革开放之前的数十年里中国也是处于相对封闭的状态，只和有限的国家交往，改革开放之后才开始主动向西方开放。不过，向西方开放是血的教训换来的。在20世纪80年代，当邓小平一代领导人决定对外开放时，他们的决策是基于这样一个事实判断：封闭就要落后，落后就要挨打。如果近代是因为挨打而被动开放，改革开放就是主动向世界开放。

中国的开放对中国和世界都是一个机遇，这也是开放政策比较顺利的原因。这里面有一个中国和西方世界之间"推"和"拉"的互动关系。中国主动"推"，积极推动自己的开放政策，西方是"拉"，拉一把中国，即欢迎中国加入世界经济体系。但中国和西方世界的全面交往和融入，是在加入世界贸易组织之后的事情。

毋庸置疑，中国从一个一穷二白的国家转型成为第二大经济体，从封闭状态转型成为最大贸易国家，从农业大国转型成为世界工厂，所有这些都是中国实行开放政策的结果。

新冠疫情会成为中国和西方世界的熔断器，熔断两者之间好不容易建立起来的关联，导致中国再次封闭起来吗？

无论在中国还是西方，一些人可能对此不以为然，因为他们总是认为中国和西方世界已经深度融合，没有可能被新冠疫情所熔断，更不用说中国再次封闭起来了。的确，直到美国总统特朗普发起中美贸易摩擦，人们一直相信中国和西方经济互相依赖的力量。美国的一些人甚至将其称之为"中美国"，而中国的一些人称其为"中美婚姻关系"。

中国继续推进全球化的决心

即使美国开始搞经济民族主义和贸易保护主义，中国领导层仍然保持清醒的头脑，在多个场合表示决心继续推进全球化。中国也是这么行动的，通过艰苦的努力，与美国达成了第一阶段的贸易协议。

但新冠疫情似乎正在改变一切。尽管改革开放40多年了，尽管人们以为中国已经深度融入世界体系，但突然间，人们发现中国其实还没有准备好接受世界，西方也没有准备好接受中国。无论中国还是西方（尤其是美国），勃兴的民族主义和民粹主义不仅促使中国和美国之间冷战的升级，更指向中美局部热战的可能性。

事实上，中美（和西方）之间从往日的"推"和"拉"的关系，已经演变成为"挤"和"退"的关系，即美国（和西方）想把中国"挤"出世界体系，而中国自己也在无意识地"退"出这个体系。也就是说，中国和西方已经不是相向而行，而是背道而驰了。

首先是西方的"挤"。西方对中国的不放心由来已久，这可以理解。自20世纪90年代初以来，西方盛行不同版本的"中国威胁论"，无论什么样的理论，其背后折射的是对中国的不放心。对一个具有不同文明文化、不同政治制度、不同意识形态、不同价值体系的国家，西方国家的这种不放心情有可原。但也正因为如此，西方和中国从来就没有建立足够的政治信任，各种关系皆维持在利益关系上。

这也可以理解，国家间的关系都是利益关系，唯有利益是永恒的。不过，光有利益关系并不足够。如果利益是硬力量，信任就是软力量。没有软力量，硬力量就很容易被理解成为一种威胁。实际上，在新冠疫情之前的中美贸易摩擦中，西方很多人就一直批评中国，把世界和中国之间的经济依赖度"武器化",即中国利用这种高度依存关系来追求自己的利益。尽管"武器化"一直是西方对非西方国家惯用的手法,即"经济制裁",但因为对中国的不信任,即使中国并没有"武器化",也被西方认为中国在这样做。

从不相信中国到感觉到中国的"威胁",再到排挤中国,这是西方的行为逻辑。中美贸易摩擦无疑是西方和中国关系的转折点。之前,西方总是认为有能力改变中国,通过把中国融入世界经济体系,把中国塑造成他们想看到的国家。但贸易争端意味着,西方(尤其是美国)放弃了这一西方学者认为是"天真"的想法。既然改变不了中国,就转而排挤中国。

新型冠状病毒疫情所引发的西方(美国)对中国的态度恶化,就是这一逻辑的延伸。从一开始,美国的政治人物就是有其议程的。对疫情在美国的扩散,他们从来就没有承担过任何责任,而是一直把责任推给中国。从病毒冠名之争和病毒起源的各种阴谋论,到后来的对世界卫生组织的指责和对中国"秋后算账",各种行为都是这一议程的一部分。

很显然,这种行为逻辑不仅属于美国,也属于整个西方世界。尽管中国在本土疫情得到基本控制之后,尽力向包括一些西方国家在内的100多个国家提供医疗卫生物资,但西方对中国的不信任不仅没有降低,反而急剧增加。中国的对外医疗援助被视为"口罩外交""影响力外交"和"地缘政治外交"。秋后算账的声音在整个西方世界盛行,英、法、德高官也直接或间接地指责中国。

除非在接下来的一段时间西方和中国的关系出现逆转,否则西方新一波更大规模的"反华"和"反中"浪潮不可避免,无论是在疫情之中还是疫情之后。

在西方对中国转向"挤"的时候,中国本身也从"推"转向了"退"。"退"

不是表现在物理和物质意义上，而是表现在思想和态度上。实际上，在物理和物质意义层面，正如"一带一路"倡议等项目所显示的，中国近年来刚刚走向世界。然而在思想和态度层面，很多人开始从世界体系回撤，以至于越来越多的中国人也持有了美国人一般的"我就是世界"的心态。

民族主义的崛起与国际化

改革开放无疑促成了中国经济越来越国际化。直到今天，无论从哪个角度来看，中国的经济都是相当国际化的。就投资贸易开放度来说，中国甚至比西方一些国家更加国际化。

人们的心态则越来越内向，即"向内看"。产生这种倾向的原因有很多，其中一个最为重要的因素是民族主义的崛起。因为国家的快速崛起，人们对国家的崛起变得无比自豪。同时，经过那么多年的开放，很多人看到西方的体制原来远非过去所想象的那么美好，"不过如此"。这无疑是积极正面的。

但是，人民在享受改革开放成果的时候，并不十分了解这成果是如何得来的，国家是如何崛起的。尽管没有人会否认改革开放的成果和国家的崛起，是中国人民辛苦劳动得来的，但不可否认的是，这也是中国和西方互动的成果。如果没有西方的"拉"的一面，中国尽管也会最终崛起，但崛起会困难得多。

没有这个认知，越来越多的人就骄傲起来。在一段时间里，"超越西方"的声音盛行，人们相信西方已经衰落，中国已经全面超越西方。当然，也有很多人开始当西方的"老师"了。

但是，一旦面临日益恶化的外部环境，而物质（尤其是技术）面受到西方大力挤压的时候，民族主义和民粹主义力量更倾向于内部化。人们不是像从前那样选择和西方互动，向西方学习，而是开始"抱团取暖"，通过团结内部力量来应付恶化的环境。这自然也符合行为逻辑，但这显然是一种恶性循环。

新型冠状病毒疫情发展至今，很多人的行为就是如此。民间的民族主义和民粹主义导致社会内部的急剧分化，每个人的意识形态认同都是"旗帜鲜明"，"自己人"和"他人"之间的关系犹如井水不犯河水。

儒家社会本来就比较保守，比较内向，所以儒家社会的国际化很不容易。在东亚，日本和之后的"四小龙"（韩国、新加坡、中国的台湾和香港）现在都是高度国际化的社会，但这些社会的国际化都是人为的结果。这些社会都是精英统治的典范，而精英是高度国际化的。因为近代以来，尤其是第二次世界大战之后，这些社会属于西方阵营的一部分，因为精英了解这个西方世界是如何运作的，也努力促成社会和国际的接轨。

但今天的中国似乎不是这样。不难看到，被视为最了解国际形势和西方世界的精英，有一些变成最具民族主义色彩的一群，他们不去引导民众，而是主动屈服于甚至诉诸民粹。如此，其后果是不言自明的。

很多官僚部门不作为。人们忘记了，我国作为第二大经济体和最大的贸易国，经济深度融入国际，"国内"和"国际"之间并不存在明显的界线。也就是说，内部发生什么都会对外部产生巨大的影响。人们不禁要问，无论是地方政府官员还是从事"战狼式外交"的人们，他们在说话做事的时候考虑到外部影响了吗？可能没有，更有可能的是把中国当成了世界。

精英部门是这样，民间更是如此。实际上，精英和民间是互相强化的。在自媒体时代，商业民族主义已经达到一个前所未有的高峰，越来越多的自媒体投入到"爱国主义"这一蒸蒸日上的行业之中。媒体操作和资本逐利可以理解，但管理部门为什么也不作为？如果说对政治上敏感的媒体与人能够有效管治，对某些产生极其负面国际影响的言论，难道不应当进行有效管治？

一旦有了"退出"世界的心理，人们与世界的心理距离越来越远，和世界隔离的心墙会越来越高、越来越厚。以至于一旦走出这堵又高又厚的墙，人们犹如"外星人"，不知道如何与世界沟通，更不知道与世界沟通什么。自然，世界也并不认同走出这堵又高又厚的墙的人们了。

"我就是世界"离封闭不远

从经验来看，如果有了"我就是世界"的观念，离再次封闭也就不远了。历史上就存在过，笔者称之为"明朝陷阱"。明朝有一段时间，无论从国家能力（例如郑和七次下西洋）还是社会能力（例如反映民间海商力量的所谓"倭寇"），在当时都是天下第一。但在"天朝什么都不缺，哪用得着开放"的心态主导下，明朝实行海禁，最终使得中国失去了海洋时代。清朝继承了明朝的遗产，闭关锁国，直至近代被西方彻底打败。

但这并不是说，再次封闭是必然的。其实，自始至终，并非整个国家都骄傲了，也有清醒的社会和精英群体存在。尤其重要的是，领导层一直是清醒的。早期，领导层的清醒表现在和西方世界进行"求同存异"的互动，他们不仅发现了和西方世界的共同利益，更发现在一些共同价值观上，也是可以和西方讨论对话的。

在一段时间里，中国和西方也进行了价值观（包括民主和人权等）的对话。尽管并没有实质性的进展，因为中国本身也具有和西方不同的价值系统，对话可以，但并不能互相取代。但这种对话本身很重要，因为它指向人们心态的开放。

这些年和西方世界的对话因为各种原因少了，但领导层在一如既往地全力推动全球化。很显然，领导层对中国崛起所面临的挑战具有清醒的认知。就以人们引以为傲的制造业来说，中国所处的现实仍然严峻。被视为处于衰落之中的美国仍然遥遥领先，处于第一梯队，欧洲国家和日本处于第二梯队，而中国仍然处于第三梯队，甚至更低一些。

考虑到中国目前所处的地位，是前文所说的中国"推"和西方"拉"的结果，也就是西方技术在中国的扩散效应，中国如果要成为制造业大国，还须有 30 年的时间。简单地说，如果美国和西方国家能够生产大量的整装产品，中国的很多产业仍然停留在组装阶段，中国的整装产品少而又少。

无论美国和西方如何对付中国，中国不会停止发展，更不会灭亡。不过，随着西方的"挤"和中国的"退"，中国再次封闭起来的可能虽然小，但也是有的。曾经被拿破仑称之为"东方睡狮"的中国，会不会刚刚醒来不久之后又睡着了呢？没有人可以对此掉以轻心。这自然也考验着这一代人。

二、拿什么来拯救中国经济

新型冠状病毒疫情在世界各国扩散，没有人知道对各国经济打击到底会有多大，但越来越多的经验证据指向这次疫情对世界经济的影响，甚至远超 20 世纪 30 年代的大萧条。

1997 年亚洲金融危机和 2008 年全球金融危机，只是局部的金融和经济领域危机，但这次危机是全方位的，是经济危机、社会危机、政治治理危机和国际秩序危机的"综合征"。如果疫情不能得到有效控制，导致各国危机加深，社会出现大恐慌，更会导致战争风险的剧增。在历史上，瘟疫和战争一直是一对孪生兄弟。

正因为这样，各国尤其是西方诸国都出台了庞大的经济救助计划。总体说来，西方资本主义国家的救助计划表现出强烈的社会主义倾向。实际上，越是典型的资本主义国家如美国和英国，救助计划越具有社会主义性质。德、法等欧洲大陆国家本来社会主义成分就已经很高了。

美国最为典型。"如果美国经济崩溃，谁来负责？"这是前段时间美国举国讨论的问题。为了防止美国经济、各级企业、劳工与一般家庭，不至于在新型冠状病毒疫情的威胁下陷入大规模破产的绝境，美国国会、联邦财政部与白宫全速推动《防疫期间刺激经济方案》。随着疫情的快速扩散，振兴预算也从原本的 8000 亿美元，一路膨胀成 2 万亿美元的天价规模。

尽管民主党与共和党之间就这个救助计划有党派争论，但这是一次非常有效的争论。民主党对于共和党预算的质疑主要在于"黑箱作业"和"渔利财团"。在 2008 年金融海啸中，美国政府出台的救助计划，结果是"财团负债全民买单"，大企业的大股东与领导层荷包满满全身而退，受创最深但获得支援最少的基层民众，却反而得承担政府财务紧缩的长期后果。

因此为了避免"救富不救穷"的状况出现，民主党强硬要求在法案中追加限制条文，包括申请纾困的大企业不得回购股权、必须严格限制高管薪酬、设下纾困预算的审查门槛，以透明化财政部所释出的纾困金流向，避免"黑箱纾困"再次引爆国民对于政府的不信任与怨怼。救助方案最终在国会通过。曾经谴责美国在向社会主义方向发展的特朗普签署了这项法案，其中包括向除最富裕的美国成年人外的所有人提供 1200 美元的支票。

中国需要什么拯救方案

中国的情况又如何呢？疫情对中国经济的打击毋庸置疑。封村、封小区、封城、封省、断航，这些都会对经济产生巨大的负面作用，但中国领导层把老百姓的生命置于第一位，断然作出封城、断航等决策。

类似美国那样的"人命重要"还是"经济重要"的争议并没有，也不会出现在中国。封城这样的被西方视为"极端"的举措，不仅在武汉（湖北）采用，而且也延伸到中国的其他省份。原来人们以为疫情被控制之后，各地会尽快复工复产，经济会有一个强烈的反弹，但现在看来，情况并不乐观。很多疫情因素继续深刻地影响着经济活动。

第一，疫情被控制下来了，但这并不意味着疫情消失了。现在人们担忧的是第二波、第三波疫情会发生。1918 年的西班牙流感在全球转了三圈才被控制住。在能够研发和生产疫苗之前，这种不确定性会一直游荡在社会之中。

第二，疫情控制下来了，但人们的心理恢复则需要更长一段时间，要马上进入正常的工作状态似乎并不现实。

第三，即使国内可以复工了，但来自欧美的需求则大大下降，甚至停止了。作为制造业基地的中国，尤其在珠江三角洲和长江三角洲，很多企业都是组装或者加工企业，没了来自欧美的订单，企业也难以复工复产。很多企业要不倒闭，要不无限期延期放假。

在2008年全球金融危机发生之时，尽管中国本身并没有危机，但中国政府果断地推出了一个4万亿元人民币的拯救方案，对预防危机延伸到中国起到了有效的防御作用。

这次危机如此深刻，中国政府是否需要更大、更有效的经济拯救方案？至少到现在为止，中国政府没有出台这样的方案。这或许是因为历史的教训所致。上次4万亿元人民币的拯救方案，尽管阻止了经济危机延伸到中国，但也产生了很多的负面影响，即内部产业结构的恶化。4万亿元进入国有企业，没有进入民营部门，结果导致了"国进民退"的局面。国有企业本来就强大，现在更加强大了。

再者，很多国有企业开始大举进入房地产领域，和民营部门一起把中国的房价推到了历史最高峰，中国的房价从此就降不下来了。这些问题直到现在还没有消化掉。这次政府变得"保守"或者审慎也就可以理解了。

但问题可能并非那么简单。中国政府拯救经济的决心可能比任何政府更强大，同时作为第二大经济体，今天的中国也更具有能力来拯救经济。问题在于中国不缺钱，缺的是思想，即如何用钱。

无论从政府还是从主流学者对经济政策的讨论来看，中国所采取的路径恰恰和西方相反，即作为资本主义国家的西方行的是社会主义路线；而作为社会主义国家的中国反而行的是市场路线。在中国拯救经济的方案中，资本的分量（或者说市场的分量）得到彰显。

这可能和 20 世纪 80 年代以来久盛不衰的新自由主义思潮有关。新自由主义在中国早期从计划经济向市场经济转型的过程中功不可没，但也正因为变得根深蒂固，影响着人们的思考和决策行为。在中国，最明显的就是 GDP 主义，即经济本身变成了独立的单元，一切经济活动的意义在于 GDP。GDP 主义直接地表现在今天的经济政策争论中，主要体现在三个方面：

第一，要不要直接给老百姓发钱?

西方资本主义国家都直接给老百姓发钱了，中国为什么不可以呢?至少中国还是社会主义制度呢，发钱的声音也有，但非常小声，人们听不到。主流经济学家不主张发钱，但主张发消费券。因为主流考虑的是 GDP，是要通过消费券来刺激消费，激活交易，产生 GDP。

钱和消费券的区别在于，钱没有使用的截止期，而消费券则有。消费券必须限时消费掉，否则会过期。而钱不一样，老百姓得到了钱之后可以不消费而存入银行。因为担忧老百姓不消费，转化不成 GDP，因此主张发消费券。

这便是资本的逻辑，不是社会的逻辑。很多人都承认，当前或许更长时间里的经济不再是 GDP 经济，而是活着经济或者生存经济。考虑到中国社会大部分还是穷人，而这次受疫情影响最重的也是社会底层，直接发钱的理由就更充分了。在中国的舆论市场上那些叫得很响亮的企业，其实还是有能力活着的，那些没有能力活下去的企业、家庭和个人，连发声的机会和能力都没有了。

发钱不见得能够马上产生 GDP，但可以对社会稳定起到正面作用。社会底层老百姓如果有点钱放在家里，就不会担心明天没有饭吃，就有助于产生稳定感。如果社会底层的 40% 稳定了，总体社会就不会有问题。只要社会是稳定的，发展只是快慢的问题。但如果发消费券，或许能够产生 GDP，但更有可能因为强制消费造成社会恐慌。发消费券而不发钱，要么就是对中国社会底层不了解，要么就是 GDP 主义在作祟。

第二，生产要素流动自由能否促进 GDP 增长？

生产要素流动自由促进经济增长，这是经济学的基本原理，没有人会怀疑。但这里仍然有几个重要的问题需要回答。首先，要素流动从长远来看，促进经济增长没问题，但还是"远水救不了近火"。社会需要拯救，要素流动拯救不了社会。其次，更重要的是什么样的要素流动？人们对此没有很大的信心，因为从前几次危机都是通过牺牲社会来拯救经济的。

1998 年的亚洲金融危机，就是通过教育的产业化来促进 GDP 的增长的；2008 年的全球经济危机，则导致了房地产成为暴富产业。教育和房地产，加上之前的医疗领域的产业化，导致了今天中国社会的局面。严格说来，这些都是社会领域，并非经济领域，需要国家的大力投入。但在中国，不仅没有国家的大力投入，反而产业化了，因此社会没有了制度基础，社会稳定也就没有了基础。

如果要通过要素流动来促进经济增长，这次会牺牲掉哪个社会部门呢？人们想到的是农村的土地。对数亿农民来说，土地就是他们的基本保障。农村的土地一直以来也是各方（尤其是资本和地方政府）紧盯着的潜在财富。这些年，人们讨论宅基地的流转问题，这主要是为了平衡农村和城市的发展平衡问题。农村很长时间以来，只有流出，没有流入。

农民一富裕就到城市里购置房屋，送小孩到城市就学。广大的农村只有政府的有限投入，可持续发展成为了大问题。并且，很多农民进城之后，宅基地抛荒，没人管理。在这样的情况下，容许城市居民到农村盖房、居住，并在此基础之上引入必要的服务业，也是平衡城乡发展的一个有效途径。不过，这次所讨论的要素，却不是这样的概念了，而是大规模的土地流动，并且要把原先中央政府掌握的土地权下放给省级政府。

历史地看，这一政策的结果是可预测的。地方官员感兴趣的只是土地所能产出的 GDP，而非土地上的人口。农民一旦失去土地，或者国家一旦大量失去耕地，就会造成不可收拾的局面。近年来，户口制度已经松动，但对进了城的农民来说，户口仅仅是一张纸，毫无意义。

城市户口的核心问题就是社会制度，但这方面没有人关心。土地制度激进变化的结果，便是底层问题很快就会从农村转移到城市，而在没有足够社会保障的城市，这类基层问题所能产生的政治能量，不知道要比农村强多少倍。

第三，新基建能够救经济吗？

"新基建"最近急速流行起来。如果老基建投资在高铁、港口、航空港、高速公路等项目上，新基建就是投资在技术上，如 5G，尤其是为 A（AI，人工智能）、B（block chain，区块链）、C（computing cloud，云计算）和 D（big data，大数据）上。据报道，中央政府未来几年有 3.5 万亿元人民币、13 个省市有 34 万亿元人民币的资金要投入到新基建。

这些技术对未来经济的重要性是毋庸置疑的。但，其一，这些方面的投入能够支撑得起第二大经济体体量的增长吗？一些观察家已经提出，新基建不可能达到 GDP 主义者所预设的目标，他们因此主张老基建复苏、新基建加力。也应当指出的是，除了少数地方，老基建已经充分甚至过度了。其二，如果过度强调新基建的作用，就会导致技术乌托邦主义。

哪一个国家不想技术进步？但技术进步可求不可得，没有人会知道新技术什么时候才会出现。有时候，巨量的投入也不见得一定会催生技术创新。其三，正因为技术投入对经济增长的贡献，只能从长期的角度来考量，不能夸大其对拯救因为疫情而造成的经济危机的作用。

实际上，中国经济发展到了这个阶段，客观上已经要求人们超越旧的GDP主义，而需要一种新的思维和思路。这个新思维可以被称之为"软基建"，意在通过社会制度建设来提供各种公共服务，保卫社会，在底层脱贫的基础上，做大做强中产阶层，再在此基础之上追求技术创新和经济增长。如果把"新基建"的内容置于"软基建"的构架中，其对经济和社会的意义就更清楚了。

经济属于社会，社会若被破坏，最高速的经济增长也会变得毫无意义。GDP主义主导下的经济发展，经常本末倒置，破坏了社会，不仅增长不可持续，更会酿成巨大的社会危机。

三、想象中国接管世界秩序

印度前外交秘书、前驻中国大使顾凯杰（Vijay Gokhale）在《纽约时报》（2020 年 6 月 4 日）发表了一篇题为《中国不想推翻全球秩序，而是想接管它》（"China Doesn't Want a New World Order. It Wants This One"）的文章，明确提出了"中国想接管世界秩序"的观点。

该作者认为，随着美国步履艰难，世界陷入危机，中国意图接手管理世界的国际机构，例如世界卫生组织和联合国。在作者看来，中国接管世界秩序的逻辑不言自明。中国是全球化的最大受益者。它系统性地利用了西方领导的多边机构，以提高其利益和影响力。中国现在已经是联合国的第二大财政捐助国。多年来，中国在国际机构中稳步建立自己的影响力，已占据了制定国际规则和标准的四个主要联合国机构的领导地位。

作者认为，中国向世界传达的信息很简单：随着美国退出其全球责任，中国已准备好拾起这一残局。对于因疫情而疲惫和穷困的世界，这是一个充满诱惑的提议。只要有人接手就是好的，很少有人会考虑其对全球秩序的意义，因为大多数国家的首要任务是发展与稳定。

作者还告诫，如果西方无法恢复对民主普世力量的信念，从印度到印度尼西亚，从加纳到乌拉圭，中国就可以如愿占领世界。

乍一看，这个观点有其新颖之处，它明显有别于一直流传于西方世界的"革命论"和"另起炉灶论"。"革命论"认为中国和世界秩序的关系是一种革命关系，即中国的意图就是要推翻现存"基于规则之上"的世界秩序。西方尤其是美国一直抱怨和批评中国，认为中国在加入世界体系之后，不守现存规则。

特朗普政府从一开始就把中国视为现存国际秩序的"修正主义者"。"另起炉灶论"者则更进一步，认为中国就会如苏联那样，如果不为现存国际组织所接纳，就会"另起炉灶"，确立以自己为中心的国际秩序。

与现存世界秩序关系

尽管"中国接管世界秩序论"完全出于作者的丰富想象，但它的确给中国提出了一个不得不思考的重大问题，即如何处理与现存世界秩序的关系。

改革开放以来，总体上说，中国和现存世界体系的关系经历了几个阶段。

第一，加入世界体系。和苏联不一样，中国并没有选择"另起炉灶"确立自己的国际体系。相反，中国选择的是接受和加入现存世界体系，尽管这个体系是西方国家所确立的，也一直为西方所领导。

第二，和世界体系"接轨"。在加入世界贸易组织前后，中国花大力气修改和调整国内的法律、法规和政策，目的就是为了和世界规则"接轨"。

实际上，中国的崛起和中国的全球化是同一个过程。今天的中国和现存国际秩序几乎可以说是一体的，中国很难退出现存国际秩序，而西方也很难把中国排挤出国际秩序。这也就是很长一段时间里，中国相信自己可以"和平崛起"的国际背景。发展到今天，无论是出于什么样的原因，如果中国和西方强行脱钩，对双方来说都是极其痛苦的，也会付出巨大的代价。

第三，"改革"现存国际秩序。尽管以联合国体系为核心的现存国际体系存在很多问题，面临严峻的挑战，但中国俨然已经成为这个体系最重要的拥护者和支持者。在这个前提下，中国倡导通过改革这个体系，提高它的运作效率。但非常明确的是，改革并非只是中国的要求，也是这个体系内部大多数国家的要求。

很显然，在这个体系内部，一些西方国家的利益得到过度的表达，而包括中国在内的广大发展中国家的利益表达远远不足。这种不平衡的权力结构，也是国际体系运作不良的原因。因此，人们可以说，改革更是这个体系本身的要求。

第四，"补充"现存国际秩序。经过数十年的改革开放，中国不仅在现存国际秩序中扮演越来越重要的角色，也有能力为现存国际体系做些"补充"，主要表现在这些年来的一些区域性组织建设，包括"一带一路"、亚洲基础设施投资银行、金砖银行等。但应当指出的是，这些区域组织具有如下几个特点。

首先，它们是"补充"而非"替代"现存区域或国际组织。这些区域组织所承担的责任，并不和现存区域或国际组织的责任重合。其次，开放性，即尽管中国倡导了这些区域组织的建设，但这些组织都是开放的，欢迎所有其他相关国家加入。再次，多边性，即在这些区域组织内部，并没有表现出高度的等级性，而是相关国家都有权利参与决策和决策的执行。

如果在第一、第二阶段，中国的行为为西方所接受和欢迎，在第三、第四阶段，中国的行为为西方所拒绝和反对。在第一、第二阶段，西方相信，随着中国加入世界体系并和世界体系接轨，中国会演变成为一个西方式的国家。这不仅表现在经济和外交层面，而且更应表现在中国的政治方面，即中国政治也会成为西方式的民主政治。实际上，西方尤其是美国向中国开放、容许中国进入其主导的世界体系，背后就是有这个政治期望的。

问题在于，西方发现，经过第一、第二两个阶段，中国从西方主导的世界体系内部获得了巨大的利益，但中国不仅没有演变成为西方所希望看到的国家，反而具备了能力来改革西方所主导的世界体系，甚至可以主动作为，构建具有区域性甚至全球性意义的国际多边组织。

很显然，以美国为核心的西方不仅一直反对中国改革国际体系的建议，更竭力阻止中国对世界体系所做的"补充"。一些西方国家尤其是美国，一直把中国的"一带一路"等区域倡议和其他"走出去"行为，视为新殖民主义、新帝国主义或者新扩张主义行为。

美国扩张过度造成负担过重

尽管美国依然是这个世界最强大的国家，但在特朗普上台后，美国开始快速地调整自身和这个体系的关系。正如特朗普 2020 年 6 月 13 日在美国西点军校对 2020 年毕业班发表讲话时所说，美国不是世界警察："美国军人的职责不是去重建海外的国家，而是强力保卫我们国家免受外敌的侵略。我们正在终止无休止战争的时代。取而代之的是重新将重点明确放在保卫美国的关键利益上。"

过去几年，特朗普当局的选择便是通过"退群"策略，减少美国对现存世界体系的承诺。特朗普的政策如此激进，以至于美国的强硬派也适应不过来，因为他们认为，美国"退群"的结果，就是给了中国继续崛起的机会，中国会随时填补美国退出的国际空间。

特朗普的判断并没有错，但错在其政策选择。即使在特朗普之前，美国也早已认识到"帝国扩张过度"所造成的负担过重问题。在美苏冷战期间，美国的扩张受到苏联的制约。苏联解体后，美国一霸超强，一系列的扩张（北约、中东战争、大中东民主计划等）很快演变成一个现代版超级帝国。美国在扩张过程中所采取的往往是单边主义，不仅把联合国抛在一边，也不和传统盟友合作。因此，美国需要对自己的扩张行动"买单"。

结果，随着过度扩张而来的便是过度负担。尽管前总统奥巴马开始采取一些具体行动，希望促成"帝国"收缩到美国负担得起的程度，但效果并不显著。帝国表现出"扩张容易、收缩难"的局面。因此，特朗普上台之后在"美国优先"的口号下，可说是采取了"快刀斩乱麻"的政策，不计后果地从其认为已经不符合美国利益的国际体系、国际条约中退出来。

其实，美国可以有更好的选择。那就是通过国际合作，促成其所主导的世界体系变得更加开放，像从前和其他西方大国分享国际权力一样，和包括中国在内的新兴大国共享国际权力；在此基础之上，和这些新兴大国共同承担国际责任。美国一些有远见的政治人物也是这么认为的，他们希望通过给中国更多的国际空间，让中国承担更多的国际责任。

如果这样，国际政治就会是"双赢游戏"，因为这既可以延长甚至巩固美国的国际地位，也符合中国的利益。中国既没有足够的实力，没有强大的愿望，也没有和其他国家争霸的传统。

但至少有两个因素使得这场双赢游戏成为不可能。第一，信仰现实主义的美国强硬派，并不相信国际政治可以是双赢的。他们相信，中国的最终目的就是要取代美国成为世界霸权。因此，不管中国如何行动，美国总是将其解读成对美国的挑战。第二，中美两国之间全然不同的价值观、意识形态、政治制度，也阻碍了中美之间建设任何有意义的政治信任。在没有一定程度政治信任的情况下，两国长期处于美国学者所说的"同床异梦"状态。

新型冠状病毒疫情加速了第二次世界大战之后所确立起来的世界秩序的解体。无论是外交家还是政治人物，人们都意识到旧秩序难以为继。那旧秩序如何解体？新国际秩序会是怎样的？新秩序如何确立？由谁（哪些国家）主导确立？这些问题不仅为各国研究者所关切，一些国家也已经把这些问题，提到外交政策的议事日程上。

中国须清楚自身选择

作为世界第二大经济体，已经高度卷入世界事务的中国，无疑也必须思考这些问题。对中国来说，有几个方面的选择是很清楚的。首先，中国不可能像顾凯杰所说的那样，去"接管世界秩序"。这不仅因为如前文所述，中国既没有足够的实力，没有强烈意愿，也没有这样的传统，来从美国手中"接管"充满无穷问题的世界秩序，更是因为美国也不会自愿退出国际秩序。不管怎样，特朗普之下的美国不等于特朗普之后的美国。一旦美国恢复常态，其回归国际秩序也是可以预期的。

其次，尽管很多现存国际组织已经名存实亡，效率低下，但离死亡仍然有一段距离，主要因为美国之外的其他西方国家，并不想这些国际组织死亡。在这方面，中国和这些西方国家具有共同的利益。例如美国退出世界卫生组织，并没有导致这个组织的死亡，欧洲国家和中国一如既往地在支持它。西方国家和中国这样做并非没有道理。很简单，摧毁一个组织容易，但建设一个组织难。

再次，中国基于自身的利益、能力和国际关系理念，会尽力推动国际权力的多极化。随着中美冲突的升级，今天的世界越来越呈现出"一个世界，两个体系"，或者"一个世界，两个市场"的局面，即一个以美国为中心的体系和市场与一个以中国为中心的体系和市场。这个趋势并不符合中国的长远利益。中国的长远利益是竭力避免国际权力的两极化，即中美两极。如果演变成中美两极，就很有可能演变成往日的"美苏冷战式"的中美关系。

实际上，在两极化的背后，世界权力也在多极化。美国仍然强大，中国继续崛起，俄罗斯不认输，德国恢复了其在欧洲的地位和在扩展国际影响力，印度在急起直追。在所有这些大国之中，没有一个大国有能力使得另一个大国屈服。

因此，只要中国能够有效管控高涨的民族主义情绪，继续实行既定的改革开放政策，和转向务实的外交政策，将很难再出现美苏冷战期间所见的一个以中国为敌的"西方"。即使中美冷战得不到缓和，甚至继续恶化，西方国家大多会游离于中国和美国之间，而不会毫无理性地作选边的选择。

中国必须也能够成为一个新型大国。如果重复从前大国的老路，搞霸权主义，无论是英国式的还是美国式的，中国最终同样会失败。一个多极、多元、开放的国际秩序，不仅是更加民主公正的秩序，也是一个更可持续的国际秩序。

四、国际体系摇摇欲坠，中国接下来怎么办

面对突发疫情，没有哪个国家是准备好的，难免会有一定的滞后和恐慌。但这次新型冠状病毒疫情，我们看到了中国"举国体制"的优势，整个国家即刻都动起来了。如果换成其他一些国家，难以做到。

中国有一点做得非常明确，无论封城、封路，还是封小区，最终围绕的都是"治病救人"、生命第一位，并非是为了稳定而稳定。这表明中国共产党是一个使命型政党，是把老百姓的生命放在第一位的。

目前疫情在中国已经基本得到控制，但在世界上却呈现出"大流行病"的态势，许多国家仍处在上升期，仍有许多不确定性。

此次疫情对世界的影响，可以用"史无前例"来形容，主要有这三点：

经济：重新反思全球化

这次疫情对经济的冲击，我认为会远超 2008 年，可能会比 1929—1933 年的大萧条时还糟。从经济层面上来说，疫情使人们对全球化产生了怀疑。

20 世纪 80 年代开始的这波全球化，毫无疑问创造了史无前例的巨大财富，但也产生了许多问题：财富只是流到一些国家和极少数人手中，出现了收入差异加大、社会分化、政府税收、就业流失等现象。

全球化原本是为促进资源和产业在世界范围内的自由配置、梯次分工。但在疫情笼罩下，一些规则突然不灵了。许多国家发现，产业链一受

影响，自己连普通的口罩和防护服都生产不了。国家、政府的经济主权没有了。他们就重新反思，全球化到底带来了什么？有人就说，疫情可能敲响了全球化的丧钟，是对全球化的最后一击。

但我认为，疫情并不会完全终止全球化，而是会回到 20 世纪 80 年代以前的状态——传统的投资与贸易的形式，是一种"有限的全球化"。

各个国家会重新去争取对自己国家经济主权的掌握，通过"产业回归"的方式调整产业结构，将重要的、与安全民生相关的产业放回自己国家以及交通、沟通都相对方便的国家之中。

政治：种族主义抬头

在政治上，大家能看到这次疫情带来的最大影响是什么？种族主义抬头。

尤其是美国，此前一直揪着"新型冠状病毒到底是哪个国家的呢"这个问题做文章；《华尔街日报》还说中国是"亚洲病夫"。这段时间的中美关系，实际上就是围绕着种族主义和反种族主义展开的。

再举个例子，欧盟原本是作为欧洲区域人类共同体的典范的，但这次疫情一来，欧盟国家又都回到了主权国家的时代。意大利、塞尔维亚急需帮助，但没有哪个欧洲国家可以帮它们。大家又走向了自私。

未来 10 年，将会是一个民粹主义高涨的时代，也是一个动荡的时代。

资本可以在全球流动，知识可以在全球流动，但是老百姓不能自由流动，贫困也无法流动，政治权力更是无法流动，所以各国主权意识势必日益强化，民粹主义日益高涨。

国际关系：第二次世界大战后的国际体系摇摇欲坠

而从国际关系来说，以往国际关系的基石正在慢慢消解，第二次世界大战以来建立的国际秩序已经是摇摇欲坠了。疫情大大加速了这个进程。

这不仅是对西方的挑战，也是对中国的挑战。该如何解决？目前为止整个世界都还没有方案。

谁都不知道新的体系是什么样的，由谁来建立，而且也不是说美国主导的世界不行了，中国就可以主导。因为任何一个国家再强大，也不可能提供足够的国际公共品。

但不管怎么说，"逆全球化"已经是一个世界性的趋势了，中国再怎么努力都很难逆转。它的主要动力来自中美关系的恶化，从科技到意识形态，现在中美在科学技术上的人员交流几乎处于停顿状态，两国意识形态对立。

此次中美贸易摩擦的核心，美国主要是想借机打压中国高端制造，不希望中国在技术层面往上爬，期望通过一场"技术战"拖延中国的现代化进程，促使中国陷入"中等收入陷阱"。

所以对未来的中美关系不能那么乐观，中国需要两条腿走路，一条腿是合作，另一条腿是斗争，后者不可避免。

未来的全球化，或许是"一个世界、两个市场"和"一个世界、两个体制"，一个以美国为中心的市场，另一个以中国为中心的市场。一些国家跟美国多做些生意，另一些跟中国多做些生意，也有些国家两边的生意都做。

中美两个市场之间也不会完全脱钩，会有一定程度的交往，但两个相对独立的市场已是不可避免，接下来中美贸易依存度必然会有所下降。这未必是坏事。

中国政府和民间，都不想与美国交恶，但这已经不是以中国的意志为转移的了。因为美国视中国为"眼中钉"，我们只能"以直报怨"。

未来中国应如何避开陷阱

所以说，未来 10 年，中国或许将会面对一个更加不确定的时代，前方"陷阱"重重："中等收入陷阱""修昔底德陷阱"等。对此，笔者有六点建议：

做好制度建设

在这场抗疫过程中，也有一些值得再深思的地方，许多人讨论中央政府足够果断，但早期一些地方政府还比较自我，甚至隐瞒信息"不作为"。然而光是"谴责"地方政府就足够了吗？

一般来说，今天地方的行政机构里，可以发现三类群体：一类是唱赞歌的，热衷讲大政治和大话，"口惠而实不至"；另一类是不作为的，准时上下班，上班读书看报写文件，但没有行动；还有一类是想作为的。

三种群体，三个结果。那些想作为的可能会困难重重，一旦做点事情，就容易触动其他人的利益。利益被触动的人就会变成告状者，就有人来查你。因此，对想作为的干部来说，他面前可能会有重重困难。

在这样的情况下，谁来干活呢？大家都学着吹牛拍马，大都学着不干活？要解决这个问题，就要从制度上找原因，从制度上去改进。

就人性来说，不管什么样的体制，总会出现这三类群体。但要想促成领导干部有所作为，就必须从制度的角度来分析。体制的设计就是要克服人性的弱点。最高领导人这几年也反复强调要反对"形式主义""官僚主义"。

所以地方政府为什么"不负责任"？你不能光指着某个领导说：你不负责。新型冠状病毒疫情的扩散就说明了这点：武汉原市长辩说他不报也是根据法律和政府规定来的，没有权力把这个公之于众，他也有他的说法。

我多次说过，一个国家崛起的核心就是制度崛起，而外部崛起只是内部崛起的延伸而已。没有一个制度是十全十美的。所以面对未来的不确定，从体制角度来说，中央、地方还是需要改革，目标就在于如何使得地方政府更具责任感。

不能光从人的角度来说"你不作为"，要从制度上找到不作为的原因。核心是找到"谁来承担责任"，我觉得这一点中央政府要明确，中央政府谁承担责任，地方政府又是谁承担责任，然后从体制上保证他们能承担这个责任，而不是光去批评。

我觉得现在中国的情况是，有些该集权的地方没有集好权，该放权的地方没有放好权，这样地方政府的权力就不足。所谓"使命型政党"不是说不会犯错误，也是会犯错误，但是他有使命，可以自己去纠正错误。

在这一点上，新加坡的经验值得借鉴：比如不到600万人口的新加坡只有一级政府。武汉市有几级政府？至少三级半。中国哪怕像新加坡这样规模的城市都是三级半政府，需要这么多层级的政府干什么呢？中国从秦朝、汉朝到晚清都是三级政府，现在有这么多级别政府，还是需要改革的。

另外，怎么激发公务员、官员的积极性呢？除了强调意识形态，或许还需要物质。新加坡是世界上公务员工资最高的国家。当然不是说中国公务员的工资都要像新加坡这么高，还是要考虑自己的经济发展水平的。公务员也是人，也要过体面生活的。还有一点，要法治，要是太讲政治，法治就会受到影响。政治都是比较主观的，不像法治那么客观，依法治国是国家现代性的主要表征。

我一直在说，利益的困局始终是需要利益来突破的。要让责任跟利益正相关。你不能叫我承担无限的责任，而没有利益。有多少利益就有多少责任，我想这个道理整个世界是普适的。

破除"唯 GDP 主义"

这次疫情给处于转型期的中国带来了更多的不确定性。从国际经验来看，任何一个处于转型期的社会，都容易出现社会问题，但如果越来越多的社会问题积累起来，最终就会造成社会失序的局面。

经验地看，这不仅是中国的问题，也是许多国家的问题。我们需要重视起来，防止中国未来陷入到各种陷阱之中。

目前的中国，主要存在着两条政策思路：第一条就是盛行多年的 GDP 主义。在改革开放的特定历史时期，GDP 主义发挥过积极的作用。

但说穿了，GDP 主义就是要把中国社会货币化、商品化。可以相信，如果不能改变 GDP 主义的状况，就会有越来越多的社会领域被商品化、货币化，比如医疗、教育、公共住房等。从这次疫情也能看出，中国现在最主要的不光是追求 GDP 的增长，还应该搞社会建设。

所以我一直说，中国改革要分三步走，先经济改革，再社会改革，以后条件够了，中产阶层做大了，再去做政治改革。这几年我觉得最遗憾的就是社会改革比较缓慢。

第二条政策思路就是通过社会政策的改革，来寻找新的经济增长源。

和第一种把社会商品化的思路相反，第二种思路就是要通过保护社会，建立消费社会来取得经济和社会的可持续发展。

中国未来的核心在哪里？就在于其日渐成长的"消费社会"。这也正是美国、特朗普所害怕的地方。中国成为"消费社会"对美国意味着什么？意味着中国的"大市场"，也就是经济力量。

真正可以促成中国改变整个世界格局的，是其庞大的"消费市场"，而非其他因素。这些年来，中国开始加速成为区域乃至可以和美国博弈的世界经济中心，主要原因就是中国的消费水平。

做大中产阶层

2008 年金融危机前，美国中产阶层占 70% 以上，现在已经降到不足50%。美国、欧洲为什么现在不稳定？就是因为中产阶层变小了。

任何一个政党，无论是左派还是右派，都照顾中产阶层的利益，不会走向极端。像泰国那样，如果 50% 是穷人、50% 是富人，那么农民选出来的总理城里人不接受，城里人选出来的总理农民不接受，永远都会是一个斗争的局面。

从收入分配的角度来看，中国目前面临这样一个困境：少部分人得到了与其劳动不对称的过高收入，而其他人没有得到与其劳动相对称的收入。所以，要做大中产阶层的规模。

但培养中产阶层的关键并不是"杀富济贫"，光是分蛋糕的话，这个蛋糕马上就分完了。所以还是需要做大蛋糕，比较有效的选择是改善"一次分配"，而劳动者工资的提高是一次分配过程中最为关键的。

在这一点上，日本有着丰富的经验。日本是东亚第一个成功的工业化国家。20世纪经济起飞后，日本政府实施了有效的工资倍增计划，再加上日本企业"终身雇佣制"，在短短几十年内成功培植了中产阶层社会，使日本成为世界上最大的消费社会之一。

辅助好中小型企业

从汉朝到现在，除了几个很短的历史阶段外，中国呈现出"三层资本"的经济结构：顶层以国有企业为代表的国有资本，底层以中小型企业为主体的民营资本，以及国有资本、民营资本互动的中间层。只要这三者的力量是均衡的，经济发展就会是稳定、可持续的；反之，就会出现经济问题。

当下要做好的是扶持好中小型企业。对大多数中小型企业而言，目前仍然缺少投资空间。新的空间从哪里来？一方面需要国有企业让渡一些自己不作为，也很难作为的空间；另一方面需要通过技术创新。

第二个问题是缺少为中小企业服务的金融机构。因此需要金融系统的结构性改革，比如设立大量为中小型企业服务的中小型银行。

重视社会改革

中国现在最重要的是今后几十年社会制度的建设。因为社会秩序、社会稳定有它的制度基础所在。像在英国，老百姓的存款率很低，有钱主要用于消费。房子很便宜、看病不需要很多钱、读书不需要很多钱，那么存钱干什么用？这就是社会政策在起作用。

所以我觉得我们还需要更加注重社会公平的发展，而不是说社会分化的发展，比如在一二线城市外，着力发展三四线城市，包括产业、卫生、教育等资源和服务，增强国家综合抗风险能力。

避免陷入"明朝陷阱"

从整个世界史来看，进步需要改革开放。所谓改革就是内部改革、外面开放。1500 年世界海洋时代拉开帷幕，拥有着强大海上力量的明朝却实行了"海禁政策"，中国由此失去了一个时代。但即便是在"闭关锁国"的状态下，中国的瓷器也远销欧洲，在当时中国瓷器受追捧的程度超过了今天的 iPhone。中国要吸取这个教训，切勿陷入"明朝陷阱"。改革开放的道路，不管遇到多大的困难，也要持之以恒地走下去，将改革开放进行到底。

国家领导人这些年宣布的几项重大改革，比如海南自贸区、粤港澳大湾区、长江经济带等，都必须是在开放的条件下才能做起来、发展下去的。

当下，需要社会上每个人负起责任来。当每个人对社会有担当时，这个社会才能是一个生命共同体，就可以减少内耗、增进团结。再大的困难也可以克服。

第五章

后疫情时代：
对话郑永年

一、摒弃偏见增进全球抗疫合作

世界卫生组织数据显示，截至北京时间 2020 年 3 月 21 日 12 时，全球新型冠状病毒肺炎确诊病例超过 27 万例，波及国家与地区超过 170 个。新型冠状病毒疫情全球大流行，正检验着各国的治理体系和治理能力，也在深刻影响全球政治经济格局。

一个强有力的中央政府是中国疫情防控实现逆转的关键

问：经过艰苦努力，当前中国国内疫情防控形势持续向好，生产生活秩序加快恢复。世卫组织评价，中国疫情局势实现逆转。您觉得中国实现逆转的主要原因是什么？

郑永年：新型冠状病毒是一种全新的病毒，新型冠状病毒疫情是一场突发的疫情，这对每个国家都是一个重大考验。中国能在那么短的时间内把那么大规模的疫情控制下来，是一件非常了不起的事情。据我观察，原因主要在三方面。

第一，强有力的执政党和有效政府。在面对疫情等风险危机时，一个强有力的政府尤为重要。这是因为未知病毒不仅给防治带来科学方面的挑战，更重要的是病毒的不确定性、人传人特性所带来的社会恐慌。一个强有力的政府能够迅速采取有力措施，稳定社会情绪。这种强大政府的存在给予人们信心和定力，带动全社会协同一致共渡难关。

中国政府承担起防控责任，迅速推出有效举措，举国动员起来，军队、各地政府、社会方方面面都能有效配合。湖北武汉抗疫，火神山、雷神山医院建设，医疗队伍对口驰援，等等，都是中央政府统一调度指挥，各地具体执行落实。这样的体制、这样的调度能力，非常高效、快速，在别的国家很难看到，也很难做到。

第二，中国综合国力的大幅提升，给战胜疫情以强大的经济、科技、医疗卫生资源支撑。中国有非常齐全的工业门类和完整的产业链。从口罩、防护服、消毒液，到救助设备、医疗设施、检测试剂，等等，都能快速生产。而西方很多国家普遍缺少口罩，美国还要从意大利运 50 万份咽拭子回国，看似简单的物资生产，反映出他们没有这种即时的生产制造能力。

第三，中国人民的高度配合。中国老百姓是很具有集体主义精神的，不像西方普通民众那样比较松散自由。所以，我们看到，武汉"封城"和某些西方国家"封城"后的效果是不一样的。中国民众普遍更加自觉自律，更加配合政府。世卫组织总干事谭德塞就说，中国抗疫取得成果应归功于中国政府的领导以及人民的配合，"如果没有来自政府的坚定承诺，没有（人民）强有力的配合，是不可能实现的"。

一些国家错失防控"时间窗口"，同政治角力有很大关系

问：对于中国抗击疫情为世界争取到的"时间窗口"，西方一些国家的表现不尽如人意。您怎么评价这些西方国家抗击疫情的表现，这背后有怎样的政治体制运转逻辑？

郑永年：西方媒体和政治人物早期批评中国的那些话，现在完全可以用来批评他们自己的政府。西方一些国家比如美国，明明看到中国疫

情蔓延的局势，却仍然慢半拍，这和他们的政治体制有很大关系。特朗普政府应对疫情的策略，背后有选举的考量，有两党斗争的考量，还有国会里复杂的角力等。

政治上较劲，又掺杂部分政客政治利益的得失，政府在面对危机时就很容易拖延、行动缓慢。美国实行联邦制，州政府也是主权政府，因此联邦政府在跨州协调能力上往往力不从心，很难一下子推出有效的政策措施。而中国很不一样，我们看到，疫情爆发以后，中国政府是把人民群众生命安全和身体健康放在第一位的，采取的措施是果断坚决的。

行动迟缓，部分也和西方国家的国民性、公共卫生资源储备和生产能力有关。一些国家检测试剂、口罩、防护服等储备明显不够，为了避免社会恐慌，只能对疫情"轻描淡写"，最终导致拖延。

对病毒搞污名化是愚昧的，实质是想转移矛盾、撇开责任

问：近期，美国一些媒体和政客屡屡称"中国病毒""武汉病毒"，这种污名化的做法用意何在？您有什么看法和评价？

郑永年：这种污名化的做法和世卫组织的决议明显背道而驰，很愚昧。实际上，特朗普妄称"中国病毒"，在美国也遭到了很多人的反对。希拉里·克林顿就回击"总统正转向种族主义言论，以转移人们注意力，（掩盖）他未能及早认真对待新冠病毒、未能广泛提供检测、未能为美国应对危机做好充分准备"。民主党参议员沃伦也公开反对特朗普的种族主义言论。

污名化的做法，包含浓厚的种族主义色彩。病毒是不分国界、不分

种族的，抗击疫情是全球的责任。

病毒来源何处，是一个科学问题，要由科学来寻找答案，而不是搞政治化、污名化。他们这种做法是想转移矛盾，撇开责任，为自己前期的防控不力、失职失责找补。这是欺己欺人，不仅不能成功，反而会影响自身对疫情的判断，影响本国及时采取有效措施。病毒的源头在哪里，怎么命名、怎么防控，应该交给科学家，而不是交给政治人物去妄下判断。

全球抗疫合作，要摒弃政治偏见

问：新型冠状病毒疫情全球大流行，呼唤全球团结合作共同抗疫。各个国家之间应该如何有效合作、应对好这次疫情？

郑永年：病毒没有国界，没有哪个国家可以独善其身。这一次，世界各国都看到了中国政府的道义和担当。在防控自身疫情的同时，力所能及地给予很多国家支援帮助。中国提出"人类命运共同体"，是全球合作很好的努力方向。命运与共，不能只是有福的时候同享，有难的时候更要同当。

就疫情合作而言，要多讲一点科学，少一点意识形态的偏见和种族主义的色彩。各国的政治不能成为合作的阻力，而应该成为助力。把疫情政治化、意识形态化，对哪一个国家都没有好处，对解决疫情也没有任何帮助。关键还是全球共同以科学的态度、科学的方式开展合作。对每个国家的防控经验，不能用带着政治色彩的有色眼镜去看，要以科学的态度去看。世卫组织来中国考察后得出的科学结论，一些西方媒体反而质疑"为什么老是夸中国"。所以，一定要用科学的眼光去评判，相互汲取经验教训，取长补短，采取适合本国国情和制度体制的防控措施，这样全球才能更团结，抗疫合作才能更有效更坚定。

兰琳宗，中央纪委国家监委网站，2020 年 3 月 22 日

二、疫情冲击或超大萧条

全球疫情愈演愈烈。据美国霍普金斯大学数据，截至北京时间 2020 年 3 月 30 日 8 时，全球新型冠状病毒肺炎确诊病例已突破 72 万例，逾 3.3 万人死亡。

疫情之下，全球经济将面临怎样的冲击？国际政治经济格局会发生哪些新变化？郑永年教授接受中新社国是直通车采访时认为，此次疫情冲击可能超过 20 世纪二三十年代的大萧条，改变世界发展进程。

疫情冲击可能甚于 1929 年大萧条

国是直通车：您怎么看这次疫情对世界经济的冲击？和 2008 年金融危机时相比有什么异同？

郑永年：这次疫情的冲击我认为会远远超过 2008 年金融危机，可能会比 1929—1933 年大萧条时还糟。

2008 年时主要是单纯的金融危机，但新型冠状病毒疫情引发的不仅是经济危机，还有恐慌引发的社会危机、政治治理危机以及国际秩序危机，是多重危机在一个时间段内集中爆发，我把它叫作"并发症"，这和 2008 年"病症"比较单一有很大不同，也更加危险。

为什么说疫情引发的危机可能甚于 1929 年大萧条呢？

第一，大萧条的中心是西方，之后从西方逐渐扩散到其他国家，但当时全球化的程度远没有现在这么高。当前，世界已经成了"地球村"，在这种情况下全球主要经济体爆发疫情，造成的伤害会远远大于当年。

第二，如果各国能够加强协调合作，确实可以缓解疫情造成的影响，但问题是危机当前大家往往不能"有难同当"，开展国际合作非常困难。从目前的情况看，不少国家民族主义战胜了国际主义，国家利益战胜了全球利益，甚至出现了不少"趁火打劫"的行为。正常的国际秩序受到很大冲击。

第三，大萧条时美国处于"青壮年"时期，但现在它已步入"中老年"，国际领导能力和意愿都在下降。中国能力虽然有提升，但能否在全球治理体系中扮演领导者角色还有待观察。这意味着危机当前没有有力的协调者，这很糟糕。

更重要的是，当年大萧条时是有清晰的应对方案和工具的，就是凯恩斯主义；但现在应对疫情似乎并没有很好的方案。

国是直通车：现在各主要经济体都相继出台了刺激经济的政策，您认为这些政策能否起到预期效果？

郑永年：我个人认为不能对这些政策的效果过分乐观。当前经济出现问题的直接原因在于疫情，在于疫情引发的社会恐慌，因此疫情如果得不到有效控制，再大力度的刺激都是隔靴搔痒，起不到真正作用。当前形势下，疫情防控和稳定经济其实是很难有条件"两条腿走路"的，必须重点突出，集中精力先控制疫情，然后再谈其他。

经济全球化可能退回 20 世纪 80 年代以前

国是直通车：您说对全球经济的看法变了，具体有什么变化？

郑永年：这次疫情让越来越多的国家认识到，和本国民众生命安全直接相关的东西不能任其流失。

疫情最严重的欧美都是发达经济体，但他们的公共卫生体系暴露出很大的问题，口罩等基本医疗物资本国产能不足以满足需求，甚至已经根本不能再生产。那么这种情况下，各国会趋向于把和国家安全、民众切身利益直接相关的东西重新掌握在自己手里，经济全球化不会再像从前那样了。

国是直通车：这种变化是短期的，还是带有长期性？

郑永年：我认为带有长期性。现在已经有医学专家提出，疫情具有极大的不确定性，有可能会绵延不断。在这种情况下，经济全球化肯定会被重新定义。

国是直通车：那么新的经济全球化会有哪些新特点呢？

郑永年：我认为可能会回到 20 世纪 80 年代以前的状态，是一种"有限的全球化"，各国会把和自己国家安全和基本民生非常紧密的生产部门掌握在自己手里，回到经济主权时代。这某种意义上是件好事，可以让各国长期失衡的经济能够相对平衡一点。

国是直通车：但现在全球产业链供应链的分工已经形成了，要让已经去往海外的企业回流到本国是有难度的。

郑永年：一旦和国家安全联系起来，事实上是可以做到的。需要注意的是，这已经不是单纯的经济问题，而是融入了政治和社会稳定的需要，不能还仅仅从劳动分工、成本收益的角度去考虑问题。经济是不可能脱离政治和社会"自成一体"、单独运转的，它是整个社会系统的一部分，服务于整个国家和社会的需要。从这个角度说，疫情是一次改变世界发展进程的大事，因为它影响了整个社会心态。换句话说，疫情之后人们的"活法"会变，国家的想法也会变。

中国国际影响力是否会有重大提升

国是直通车：疫情期间中国向其他国家提供了不少援助，您认为中国的国际影响力是否会因疫情有明显提升？

郑永年：这取决于中国能否找到一套合适的话语表达体系，让国际社会能从积极正面的角度去看待中国的援助，而不是相反。中国现在还是缺少合适的、能够被广泛接受的话语。"国际合作"本身不是话语，"大国责任"也容易被误解甚至有意曲解。坦率地讲，现在有一种思潮是认为中国援助其他国家防疫是"别有用心"，是要趁机把自己的价值观强加于人甚至是要"称霸"，这对中国不利。

我认为，中国可以考虑以人道主义为旗帜，这是最容易被人接受和引起共鸣的。

国是直通车：您怎么看疫情之后的大国关系？美国的领导力会下降吗？

郑永年：美国领导力肯定会下降。但从历史经验看，每次重大危机后，美国的经济、军事等"硬实力"通常都会增强。这次疫情挫伤的是美国的"软实力"，因为它没有在这场全球危机中发挥应有的领导作用，人们认为它的国际责任感弱化了。

但是，美国领导力下降不必然意味着中国领导力会上升。尽管中国在较短时间内控制了疫情，并对国际社会积极开展援助，在一定时期内得到了其他国家的肯定和感谢，但近年来西方对中国日益防范、猜忌的心理并没有发生实质性变化。中国应当认清这一点，并做好应对准备。

国是直通车：我们发现疫情期间中日韩三国合作明显升温，您认为这会变成长期趋势吗？

郑永年：疫情给中日韩进一步改善关系，加强合作提供了契机，但能不能把握这个契机，把可能变成现实，还要看中国的后续工作。不论是疫情防控层面，还是经贸合作层面，都需要有更高的格局，更开阔的眼界。

三、如何看待全球疫情蔓延和巨大冲击

【侠客岛按】

新型冠状病毒疫情在全球的急速蔓延超出很多人的想象。随着确诊病例、死亡人数的攀升，疫情会对全球政治、经济、社会产生多大多久的影响，是萦绕在许多人心头的疑问。

侠客岛： 新型冠状病毒疫情爆发到现在已经几个月。您对各国应对疫情有何整体观察和评价？如何看待不同国家在疫情防控上举措与效果的差异？

郑永年： 总体来看，西方国家应对疫情的表现令人失望。西方拥有最发达的经济体系、公共卫生体系和庞大的中产阶级，所有条件都很优越，为什么还是失控状态？如果要我来打分，满分10分，西方国家5分都不到，最多拿4分。

现在西方一些人怪中国，这没道理。要知道，新型冠状病毒是人类此前未曾见过的，抗击疫情是全新的挑战。中国迅速行动起来并获得成效，实属不易。相较之下，欧美说不过去，他们有足够时间，为什么没准备好呢？

比较来看，东亚国家和地区防控做得比较好，至少有几方面的原因。

第一，体制动员力。从东亚战后的发展史来看，包括日本、"四小龙"、中国在内，多数属于"发展型政府"，政府比西方强势；西方是资本主导的秩序，美国现在还在讨论，甚至说"牺牲生命也要维持经济运作"，"保经济更重要"。

第二，老百姓对政府的信任度更高。东亚社会的民众普遍更守纪律。政府要求居家隔离、不要恐慌、不要抢购、按时量体温，绝大多数民众都能做到。对东亚社会来说，"生命安全"和"自由"不需要比较——命都没了，还有什么自由呢？

西方则不同，现在还争论"权威主义"，认为政府权威过大，就没有自由了。至于"群体免疫"这话，放在东亚不可想象，会使政府失去合法性。

在这个意义上，东西方都有"契约"，但是形式不同。西方的契约是选票，选上就可以。但问题是，政治是治理，不是选出来就高枕无忧了。天天指责别人或者提前布局抛售股票，这样的政治人物不会取得什么实际治理效能。

但疫情防控也不只跟体制相关。说到底，西方国家应对疫情不力，是资本和社会失衡的结果。

他们确实有最发达的经济体、最发达的公共卫生体制，但口罩、防护服、洗手液等基本医疗卫生物资都不能生产。不是没有这个技术，而是生产能力流到其他国家了。

反过来也一样。中国抗疫能有今天的成效，除了有效动员、一线医务人员舍生忘死付出，还要归功于物资生产能力。中国最值得重视的抗疫经验，是"制度资源"和"经济资源"配合、统一，西方的制度和经济资源则产生了错位。

中日韩三国在抗疫初期合作很好，跟产业链密切配合有关系；欧盟没有产业链，就合作不好，所以很狼狈。美国也是。

侠客岛：不少机构及学者都在讨论疫情对世界经济带来的冲击。有分析说会造成全球性衰退，有人拿疫情与 2008 年国际金融危机相比，甚至与当年的"大萧条"相比。您怎么看？

郑永年：全球化条件下就是这样，第一季度中国几乎停摆，好不容易慢慢恢复，订单却大幅减少了。所以有人说，只要世界不变好，中国也会很难。这有道理。

但要思考的是，疫情冲击之下，还有"世界经济"吗？新加坡147架飞机，现在只有9架在飞；旅游、餐饮等服务业更不必说；制造业也没有需求。因此疫情之后，肯定会有很多反思，尤其是一个问题：全球化到底为了什么？

在我看来，经济全球化还会继续，但不会是20世纪80年代以来新自由主义主导的全球化。每个国家都会把事关国家安全和民众生命安全的生产能力留在国内。

上一波经济全球化，很多国家失去了"经济主权"，税收、就业等都转移出去了，国内产生了很多矛盾，社会差距拉大，中产阶级规模越来越小，这都是现在西方民粹、保护主义的产生根源。所以，未来的"全球化"概念可能会发生变化。

疫情对世界经济的冲击可能超过"大萧条"。当年大萧条几乎只影响西方国家，但现在主要经济体都受到影响。大萧条时各国同意用凯恩斯主义解决问题，但现在呢？一些国家开始印钱、宽松，只顾解决自己的问题。

更大的问题在于：如何控制社会恐慌？在中国这个问题几乎不存在，党的系统、行政系统就够了，但很多国家都已经出动了军队来维持社会秩序。

历史上，瘟疫和战争几乎是孪生兄弟，如果社会恐慌控制不住，民主政府和法西斯政府几乎只有一墙之隔。必须看到，这次是"综合性危机"，是经济危机、社会恐慌、国家治理危机的"三合一"并发症，在西方尤其明显，要非常警惕。

侠客岛：国内公众比较气愤的是，在中国抗疫吃紧的阶段，西方舆论冷嘲热讽；西方疫情蔓延，一些政客甩锅、指责中国，大搞污名化；中国支援国际抗疫，西方又说这是"外交攻势""掠夺式捐助"。您如何看待这些政治操作和舆论声音？

郑永年：确实要看到深刻危机。疫情引起的海外的、我称之为"反华为核心的民族主义浪潮"已经浮现。这是政客无能、推卸责任的做法，但更重要的是背后隐藏着"议程设置"。

第二次世界大战前法西斯的崛起，是用右派民粹主义反对他们所谓的左派民粹主义（共产主义、马克思主义等），这个大的局面到今天没有变化。西方民间的反华事例这次能看到很多，Anti-Chinese，华人、华人企业已经感到压力，留学生、出去的学者也是；精英阶层则非常意识形态化。

疫情受控以后，还会有这样的浪潮。按说，世卫组织定义了病毒名称之后就应该按世卫组织的定义来，但是蓬佩奥、美国的反华议员到现在还在讲"中国病毒"，这是故意的，远超出"推卸责任"的范畴。

反过来，中国在行动上、动员上做得很好，反而被说得很差。西方一直有偏见，他们说援助是称霸，应该怎么回应？我们现在还是习惯"国际合作""大国责任"的说法，这种说法多少西方民众真正理解？这是很精英的话题，但精英阶层非常意识形态化。

在我看来，不如回归最基础的，就是人道主义。这本身就是战后国际秩序的起点。疫情导致多少人感染和死亡？死亡是全世界的公敌，没有人能置身事外，这就是弘扬人道主义最好的场合。

中国领导人说，老百姓的生命安全是第一位。难道我们不知道封城、封省、停摆会造成多大的经济损失？为了老百姓的生命安全，就这么做了。这是地地道道的人道主义。这个文章做好了，软力量就有了。

至于病毒起源于哪里，科学家都不知道，政治人物怎么知道？一句话就怼回去了。中国政府现在对120多个国家和国际组织提供了援助，这还不包括各地政府和中国企业的捐助、援助行动。人道主义、救死扶伤就是最好的话语，也是最通用的可以接受的话语。

侠客岛：回到中国。疫情已经对中国的经济、企业和人造成冲击，习近平总书记在浙江考察时也提到，"危和机总是同生并存的，克服了危即是机"。国内疫情逐步稳定之后，下一步您觉得可以如何布局？

郑永年：要提前思考未来的经济布局。

前面提到，疫情之后会是新的全球化阶段，各国都会强化自己的"主权经济体"，恐怕要回到20世纪80年代以前"有限全球化"的阶段。并不是说什么东西都要自己生产，但大多数东西还是要自己生产，靠内需，要在自己的产业链上向上爬升，提高技术含量。

我看到国内有些地方又在用老思路搞传统基建项目。问题是，同样的财政支出，是不是可以向社会公共事业多做投资？比如农田水利、医疗卫生，这都是内需、刚需。旧的思路主导下，总以为等着，国际经济就会好起来。但我认为这次疫情是改变世界历史进程的大事情。美欧都会一定程度地恢复"自食其力"。

因此，要有新的"主权经济观"和国际经济观，才能知道下一步我们的经济该如何布局。要考虑"需要一个怎样的内需社会"。要救企业、救老百姓，也要把我们自己的中等收入人群规模做大。大规模基建可以解决一定的就业，但不是什么时候都有效。

我们也看到，社会力量在疫情防控中发挥了非常好的作用。企业家捐款、志愿者做事、企业和政府合作，发挥了很好的作用。按理说，西方是小政府大社会，但是他们的民间力量发挥了这么大的作用吗？所以，如果在中国的制度设计中给社会力量更大空间，政府的负担会大大减轻，社会力量发挥的作用也不会比西方差。

四、接下来的几年可能是危机频发的几年

2020 年 4 月 17 日上午，在国务院新闻办公室举行的新闻发布会上，国家统计局国民经济综合统计司司长、新闻发言人毛盛勇介绍了第一季度国民经济运行情况。其中，第一季度国内生产总值同比下降 6.8%，第二产业增加值下降 9.6%。

郑永年教授在接受《中国新闻周刊》记者采访时表示，疫情之后每个国家都将经历一个痛苦的调整期，接下来的几年可能会出现危机频发的情况。

疫情不仅使得各国实体经济受挫，各国间的经济协作也面临着新考验。郑永年提出，未来全球化可能不得不回到 20 世纪 80 年代前的模式，即在主权经济体上进行"有限的全球化"。他判断，口罩、防护服、呼吸机等关系到公共安全的卫生物资产业链将会率先本土化。

2020 年 4 月 16 日，商务部新闻发言人高峰在例行发布会上表示，经济全球化出现回头浪，但大的趋势不会改变。中国将继续坚定不移扩大对外开放，放宽市场准入，进一步扩大进口，在开放中推动贸易投资的自由化、便利化，为全球经济的复苏和发展做出中国应有的贡献。

痛苦的调整期

《中国新闻周刊》：对于疫情之后中国经济的恢复，您有什么建议？

郑永年：中国这次疫情受影响最大的还是社会底层人群和中小型企

业、微型企业。对人口庞大的社会底层来说，制造业、服务业停摆导致他们连续多月停工，对生活造成较大冲击，所以直接发钱给他们比较有效。有人主张发消费券，认为消费券一两个月就可用完，能产生消费，但如果发人民币，老百姓可能会存在银行里不用，那就没有 GDP 效益。但我觉得老百姓拿到一笔钱即使不马上用，存在银行，心里有点稳定感，那不是更好吗？如果要求他们把钱几个月用完，反而会产生恐慌感。

对于企业的帮扶应该更多地向民营企业倾斜，保护中小型企业和微型企业就是保护中产阶级的基础，帮助措施不局限于现金资助，还可以考虑减税甚至免税、推迟缴五险一金、推迟还贷款等各种形式。

《中国新闻周刊》：受疫情影响，经济全球化进程可能受到一定程度的阻碍，这将对中国的产业链产生什么影响？

郑永年：短期来看对中国确实会产生一个调整的成本，但中国现在产业齐全，调整成本会比较小。疫情之后，如果部分西方企业迁出，产业链出现空白了，中国企业也可以马上补上。这样一来，中国各个产业链不断调整优化，通过技术升级，慢慢往上走，中国会产生更多的整体产品，而不止是长期代工和组装。

20 世纪 80 年代后，全球化进程加剧，生产要素在全球范围内配置，使得欧美国家很多产业转移到中国、印度等其他发展中国家。中国把廉价劳动力、廉价土地等生产要素投入到全球范围内，所以我们的经济发展起来了。可以说，中国是全球化进程的一大受益者。但总的来说，全球化的大趋势不会变，即使中国的劳动成本和土地成本提高了，西方始终是需要中国的，因为他们不会放弃中国庞大的消费市场。中国最吸引西方资本的地方就是其市场的庞大。

《中国新闻周刊》：您怎么看欧美各国在疫情之下的经济策略？

郑永年：现在还有世界经济吗？各国现在的重点是要怎么救社会，保护社会，然后来日方长，这就是我们所说的"底线思维"。美国的成年公民至少可以得到1200美元，有的人还可以获得救济食物，欧洲、日本也是以救社会为重，这个是值得我们借鉴的。

现在各个国家都在搞量化宽松政策，印钞票。但印钞票只是救火，把问题推迟到后面，解决不了本质问题。印钱太多了要发生通货膨胀，这个后果谁来买单呢？

所以每个国家都必然经历一个痛苦的调整期，等到每个国家社会、政治、经济这三个宏观方面都均衡了，产业也比较均衡了，才会回归正轨。所以，我们接下来的几年可能是危机频发的几年。

《中国新闻周刊》：您觉得疫情带来的危机多久能结束？

郑永年：我觉得要看疫情发展情况。简单地说，在疫苗研发和生产之前，谁也不能说疫情能控制下来。1918年的西班牙流感，在地球上转了三圈才控制下来。

人们更要关注的不是哪些国家像中国这样控制下来了，而是哪些国家没有控制下来。现在，病毒已经在非洲国家蔓延，但非洲很多国家的经济能力和公共卫生体制应付不了这次疫情，这是非常令人担忧的。所以我觉得不要把这次危机仅仅看作一个经济金融危机，这次可能是比1918年更严重的世界范围内的人道危机。

《中国新闻周刊》：就您观察来看，到目前为止西方国家对中国抗疫成果的评价如何？

郑永年：疫情期间，反华、歧视华人的声音不断，我预计疫情控制下来以后，新一波反华的浪潮会更大。

我觉得中国的这次抗疫，举措有力，把武汉的形势控制下来了，逐步复产复工，还有能力向 100 多个国家和国际组织供应医疗卫生物资，这些我们做得很好。这次疫情是一个全球性人道危机，我们实际上也是在做人道救助，但如果西方说什么我们就回应什么，以牙还牙，在行动上赚来的信用、信誉又被言论消化掉了。

现在是发扬大国责任的一个大好机会。我们现在要自信一点，低调一点，帮助的国家不分大小，不分穷富，不分种族，哪里有人道危机我们就走向哪里，这就是最好的话语。

"有限的全球化"

《中国新闻周刊》：后疫情时代，全球化将何去何从？

郑永年：全球化不会停止，但全球化的方式肯定要不一样了。我们一直说的全球化都是 20 世纪 80 年代以后的全球化，走到今天已经走不下去了。从历史经验来看，可能会回到 80 年代以前那种"有限的全球化"。

《中国新闻周刊》："有限的全球化"有什么特点？

郑永年："有限的全球化"是建立在主权经济之上的全球化。它有两个趋向性，一个是欧美国家会把一部分关于国家安全、人民生命的产业迁回自己的国家。另一个就是各国产业会在世界范围内分散布置。我认为建立在主权经济之上的全球化符合各个国家的利益，也符合中国的利益。

《中国新闻周刊》：您为什么觉得全球协作将走向"有限的全球化"？

郑永年：世界市场的存在是个假定，运气好市场就存在，运气不好，世界市场就不存在了。比如中美贸易摩擦，美国要把其所谓的"威胁"到国家安全的技术掌握在自己手里，不让中国的技术进入美国，这么一来世界市场就被消解了。

新型冠状病毒疫情下，那些有相当发达医疗体制和公共卫生的欧美国家，为什么这么束手无策呢？欧盟各国之间曾经合作无间，但是新型冠状病毒疫情前期，每个国家都回到一个相对自私的状态，甚至出现国家之间截留口罩的事件。原因很简单，因为他们所需的口罩、洗手液、防护服、呼吸机的生产线都在中国等其他国家。根据美国方面的统计，美国80%的医疗物资和97%的抗生素是在中国生产的。所以我判断，疫情之后欧美国家会把关于老百姓生命安全的产业链迁回自己的国家，同时，不把所有的"鸡蛋"放在同一个篮子里，这也是理性的市场行为。

《中国新闻周刊》：2020年年初英国正式离开欧盟，德国、意大利、法国也出现了反全球化的政治思潮，为什么会有如此大面积的逆全球化衰退？

郑永年：20世纪80年代以来的全球化是建立在每一个国家和每一个社会自身的比较优势之上的。20世纪80年代以后的全球化形成了所谓的全球范围内的劳动分工，就产业链的附加值来说，美国处于"头"的位置（第一梯队），欧洲日本是"胸"（第二梯队），中国是"手"（第三梯队）。尽管生产要素在全球范围内流动提高了劳动生产率，但也随之产生了问题——以前的政治、经济、社会是互相嵌套着的，现在经济跟社会脱钩了，经济跟政府脱钩了，资本到处跑，但社会不能跑，很多国家就业减少了，税收减少了，都跑去国外了，于是收入分配差距越来越大，中产阶层群体越来越小。

第二次世界大战以后，美国的中产阶级人口占总人口的70%，但美国现在的中产阶级人口占总人口50%都不到。现在西方社会不能再叫中产阶级社会，而变成了富豪社会。他们政治思潮中的民粹主义、反全球化、反移民等观点，都是社会高度分化的产物。

五、新基建要慎重，软基建要发力

新型冠状病毒疫情蔓延，经济全球化的"回头浪"席卷世界。

15 年前，托马斯·弗里德曼出版了《世界是平的：21 世纪简史》，描绘了激动人心的全球化的历程。15 年间，科技和互联网加速了全球供应链的形成，世界确实越来越平。

同样是弗里德曼，新型冠状病毒疫情爆发后，在《纽约时报》专栏上发表了最新文章《全新的历史分界线：新型冠状病毒肺炎元年前与后》，再次谈到了全球化。但这一次，他表达的是对全球化的担忧。互联工具使得世界互相连接，这极大地推动了经济增长，但同时也意味着互相依存：当一个地方遭遇麻烦时，这个麻烦会以更快的速度和更低的成本传播到更远的距离、更深的层次。

美国约翰斯·霍普金斯大学的实时统计数据显示，截至北京时间 2020 年 5 月 8 日 5 时，全球新型冠状病毒肺炎确诊病例累计超过 380 万例。全球范围内的频繁人员往来等成为病毒快速传播的重要原因，全球延伸的产业链也使疫情对经济的冲击很容易波及许多国家。

美国白宫经济顾问呼吁美国企业回迁，日本拨款 2435 亿日元帮助企业实现供应链的多元化……在国家安全、资本流动以及民意等多方利益博弈之下，全球化进程将走向何方？《时代周报》记者专访了郑永年教授。

中国将从"有限的全球化"中获益

《时代周报》：在疫情的冲击之下，不少国家都选择了"以邻为壑"。这是否会导致未来全球化全面倒退，进入一个开放度、繁荣度和自由度更低的世界？

郑永年：从经济层面上来说，疫情大大加深了人们对全球化的怀疑。

20 世纪 80 年代开始的这波全球化，毫无疑问创造了史无前例的巨大财富。但也产生了许多问题，出现了收入差异加大、社会分化、政府税收和就业流失等现象。

全球化原本是为促进资源和产业在世界范围内的自由配置、梯次分工，这使得发达国家也将一些所谓的"低端"产业转移到发展中国家，一些和国家安全密切相关的技术也随着其产业转移出去了。疫情来袭，产业链一受影响，许多国家发现自己的产业空心化程度已经到了连普通的口罩和防护服都生产不了的地步。

例如此前，欧盟各国的合作一直平稳。但是新型冠状病毒疫情一到来，每个国家都回到一个相对自私的状态，甚至出现国家之间截留口罩的事件。原因很简单，他们所需的口罩、洗手液、防护服、呼吸机的生产线都在其他国家。根据美国方面的统计，美国 80% 的医疗物资和 97% 的抗生素是在中国生产的。因此，疫情之后，欧美国家会把攸关老百姓生命安全的产业链迁回自己的国家，同时，不把所有的"鸡蛋"放在同一个篮子里，这些也是理性的市场行为。

但疫情并不会完全终止全球化，而是可能回到 20 世纪 80 年代以前的状态：以传统的投资与贸易的形式，呈现一种"有限的全球化"。

"有限的全球化"是建立在主权经济之上的全球化。它有两个趋向性，一个是欧美国家会把一部分关于国家安全、人民生命安全的产业迁回自己的国家；另一个就是各国产业会在世界范围内分散布置。我认为建立在主权经济之上的全球化符合各个国家的利益，也符合中国的利益。

《时代周报》：这是否意味着世界回到了经济主权化时代？

郑永年：从 20 世纪 80 年代以来，经济全球化的进程不断加速，供应链的全球布局使得各个国家都失去了很多方面的经济主权。但在新型冠状病毒疫情之后，强化政府的作用、国家的作用，已经成为全球的共识。经济主权特别是和国家安全以及老百姓生命相关的产业回归，可以说是必然的。

但国内现在有一种声音，把这种经济主权的回归解释为"去中国化"，这并不确切。所谓的"去中国化"，是将本国所有的产业链条从中国迁出，迁到越南、马来西亚、印度等国家。

但现在的情况是，美国等国家主要是要把境外企业迁回本土。迁出的区域不仅包括中国，也包括其他国家。再者，一个国家想投资分散化，即避免投资过度集中在一个国家，这也是正常的经济考量。如果将这些正常的经济考量与"去中国化"等同，未免政治性太强、意识形态太强，自己也很容易判断失误。

从短期来看，"有限的全球化"的确会对中国经济产生一定冲击。特别是近年来，外贸占中国 GDP 的比重都在 30% 以上，外资、外商在中国经济中也占有重要位置。随着疫情影响逐步显现，不少国内企业将面临复工后欧美国家订单减少乃至消失，无法恢复正常生产的情况；另外，疫情结束后，随着美国、日本等国家企业的迁出，也将给中国带来比较大的产业调整成本。

但从长期看，中国将从"有限的全球化"中获益。

一方面，西方产业不可能全部撤离，因为他们不会放弃中国这一巨大的市场；另一方面，即使西方企业撤离，但撤离后所让出的国内市场空间，中国企业可以迅速占领。目前，中国是世界上产业链最齐全的国家，而且国内市场广阔。"有限的全球化"对中国企业来说是很好的机会，不仅可以占领西方企业留下的产业链空间，还可以向产业链中的高附加值环节发展。

中国应该发力"软基建"

《时代周报》：中国作为全球产业链的关键一环，是否会因为疫情冲击而与其他产业链条脱钩？

郑永年：从短期来看，疫情冲击导致世界经济停摆，必然会波及中国的产业链条；但从长远来看，全面脱钩是不可能的，这不仅基于中国在全球产业链中扮演重要角色，更重要的是中国市场本身就是世界市场的重要组成部分。

西方的企业在中国投资，最根本的原因还是为了挣钱。资本是逐利的，中国市场的规模已经在逐步接近美国市场的规模。如此大的体量，没有一家企业会主动放弃在这个市场中分得一杯羹。

就算是现在美国和日本要撤回一部分产业，我相信更多也只是其中的一部分企业撤回一部分产业链条，更多的企业还是会紧盯着中国市场，并不会造成大规模的脱钩现象。

同时，一部分产业链的脱钩并不是没有好处。在一些关键领域之中，西方的技术一直占据主导地位，例如汽车和移动通信行业，虽然国产率已经很高，但是最核心的技术还是主要掌握在外国企业的手里。如果在这些方面上西方退出一点，中国企业的发挥空间反而更大。

从历史来看，珠三角在 2007—2008 年左右就经历了"腾笼换鸟"的阶段。在那个阶段，我们也遭遇了一个产业链升级的阵痛过程。如今已经过去多年了，一些附加值低的东西应当要放弃，只是新型冠状病毒疫情加速暴露了这一问题而已。

《时代周报》：当前国内疫情已经得到较好控制，疫情防控压力逐渐转向"外防输入"。在全球疫情冲击对国内影响仍未达到峰值之前，中国应当如何利用好这一段时间？

郑永年：我们要提前思考中国未来的经济布局。

疫情之后会是新的全球化阶段，各国都会强化自己的"主权经济体"，恐怕要回到 20 世纪 80 年代以前"有限全球化"的阶段。这意味着，我们有一些产业链条可能要转移出去，一些产品也可能要将主要目光转向国内市场，这同时意味着制造业企业要在产业链上向上爬升、提高技术含量。而在拉动经济增长上，目前国内的思路大多还是围绕着"GDP 经济"进行：一是投资新基建，二是发放消费券，三是促进生产要素自由流动。

但从新基建目前的体量来看，很难成为全球第二大经济体的有力增长点。

现在有些人有一种"技术乌托邦主义"，认为通过技术就能够解决一切问题。这种想法很不成熟。全球每个国家都在投入研发技术，但真正占领技术高地的有多少？大量投入却没有技术产出的国家不在少数。这也是为什么国内一些经济学家认为"火车头"还是在老基建上，新基建最多只能作为一个发力点。

在我看来，中国这一轮发力的关键应当在于"软基建"：通过发展医疗、公共卫生、教育、公共住房、医院、敬老院、都市停车场等，增强社会软实力。不解决"医疗、教育和住房"这三座新大山，穷人很难真正脱离贫困，中产阶层就没有制度基础。

我们总是讲拉动经济要靠"三驾马车"，但现在三驾马车里面，外贸因为疫情冲击还没站稳脚跟，基建在经历过去多年的大规模投资后已经出现边际作用递减。要拉动经济，只能靠消费拉动，这就意味着要进一步减少贫困人口、壮大中产阶级，使得消费力得到完善的释放。

事实上，中国为什么在国际上强大？中国的强大体现在庞大的消费市场，美国的强大也是建立在它庞大的消费市场之上。

未来数年危机频发

《时代周报》：您如何评价各国在疫情防控上采取的应对措施？

郑永年：要评判一个国家的抗疫政策，最关键的是看政府、社会以及经济实力三方面是否实现了充分配合。

有很多人说中国对疫情的控制得益于"举国体制"，我认为把疫情防控的有效完全归因到举国体制并不合理。如果这次疫情发生在 20 世纪 70 年代，没有很好的经济实力、没有完整的产业链条，就算有"举国体制"，也不能很好地把疫情控制住。

此次西方国家应对疫情不力，便是资本和社会失衡的结果。

他们确实有最发达的经济体、最发达的公共卫生体制，但他们缺乏"举国体制"：有限政府本身权力就相对较少，加上在议院中三番五次的讨论，直接导致控制疫情的黄金时间都被耽搁了。

另外，在全球化背景下，新自由主义主导产业向外转移。这导致发达的西方国家连口罩、防护服、洗手液等基本医疗卫生物资都不能生产。并不是说他们没有这个技术，而是生产能力流到其他国家了。

同时，与西方国家民众更倾向于个人主义不同，东亚地区的老百姓对政府的信任度更高，也更遵守纪律。政府要求居家隔离、不要恐慌、不要抢购、按时量体温，绝大多数民众都能做到。对东亚社会来说，生命安全和自由不需要比较——命都没了，还有什么自由呢？

但从整体上而言，欧美国家在疫情防控上仍然是有先天优势的。这些国家大多数经济条件都相对较好，包括意大利、英国、德国和法国这样的国家，在发现疫情的严重性之后，有经济实力全方位控制疫情。

更需要人们担心的倒是许多经济欠发达的非洲国家，那里的国家能力相对较低，既没有西方这样的民主体制，也没有中国这样的举国体制，加之一些国家的埃博拉病毒以及蝗虫的影响还没有过去，他们的情况的确更让人担忧。

在接下来的一段时间里，不论是国内疫情还是全球疫情，在研发和生产疫苗之前，防控成功的提法都会是言之过早。1918 年，西班牙大流感是在全球肆虐超过两年后才最终消失的。而在经济全球化的大背景之下，如果有一个国家没有控制好，疫情还是有可能卷土重来。因此，当下疫情防控还远没有到可以放松的地步。

《时代周报》：现在西方国家都在推出一系列的经济刺激政策，您如何评价这部分政策？

郑永年：这次疫情对经济的冲击，我认为会远超 2008 年金融危机，甚至会比 1929—1933 年大萧条时还糟。当年大萧条几乎只影响西方国家，但现在主要经济体都受到影响。大萧条时各国同意用凯恩斯主义解决问题，但现在呢？一些国家开始印钱、搞量化宽松，只顾解决自己的问题。

同时，这一次的问题较之前也复杂得多。在公共卫生问题的冲击下，大规模失业引发的社会治理危机、疫情扩散导致的政治治理危机，以及西方国家只顾解决自己的问题引发的国际秩序危机，已经将目前的情况变成了一个"综合征"，不同于我们此前所遭遇的任何一次危机。

现在的重点是要怎么救社会、保社会，然后来日方长，再追求经济增长，这就是我们所说的"底线思维"。美国的成年公民至少可以得到1200美金，有的人还可以获得救济食物，欧洲、日本也是以救社会为重，这个是值得我们借鉴的。

现在各个国家都在搞量化宽松政策：印钞票。但印钞票只是救火，把问题推迟到后面，解决不了本质问题。印钱太多了要发生通货膨胀，这个后果谁来买单呢？

要控制经济衰退的势头，更关键的还是在于疫情防控。所以每个国家都会必然经历一个痛苦的调整期，等到每个国家的社会、政治、经济这三个宏观方面都均衡了，产业也比较均衡了，才会回归正轨。这个过程是非常痛苦的，接下来的几年可能是危机频发的几年。

六、全球化会继续下去

《南方周末》：您曾提到，疫情过后各国可能会把涉及国家安全、民众切身利益的产业重新掌握在自己手里，为什么会有这样的判断？

郑永年：这个问题现在我们反思得比较少，像美国、欧洲国家都是世界上最发达的经济体，医疗体系也是最先进的，为什么这次搞得那么狼狈？这是 20 世纪 80 年代新自由主义主导下的全球化的结果，产业在世界范围内进行分工。从 20 世纪 80 年代里根、撒切尔改革开始，欧美把很多低附加值的产业都放到其他国家，只保留一些附加值高的。现在美国 80% 的医疗物资是中国生产的，97% 的抗生素依靠中国供应，危机一来，每个国家都要自保，欧洲也是一样，各国拥有的物资要自己先用，出口就受到限制，甚至禁止了。新加坡也面临这样的情况。以后怎么办？新加坡因为国家很小，想什么都自己生产，可能不科学。所以只有两个办法。首先，它要保证，生产线放到哪一个国家，就要向哪个国家要保证，危机的时候也要供应；其次，国家平时准备要充分一点。现在很多国家的经济体系是和平时期、没有危机时的体制，一旦发生危机就会马上出现大问题：平时互相依赖，但一遇到危机就不能互相支持。如何应对？以后关乎老百姓生命安全的东西，我想很多国家都会掌握在自己手里面。当然也不见得什么都完全自己生产，因为好多小国家不可能什么东西都自己生产，可能要发明某种机制来保证这些国家老百姓的生命安全。大家现在都开始反思全球化，这一波 20 世纪 80 年代以来的全球化到底为了什么？个人得到了什么？社会得到了什么？国家得到了什么？

大家现在认识得更清楚了。2007 年、2008 年经济危机的时候，大家还没有认识得很清楚。这一波全球化，个人其实没得到什么，收入分配差异越来越大；社会也没有得到什么，社会越来越分化，中产阶级越来越小。经济本来是为社会服务的，经济生活与社会是分不开的，但是在全球化的情况下，经济生活与社会生活成了两张皮，这就是危机。所以疫情以后的全球化与 20 世纪 80 年代以后的全球化，肯定不是同一个概念。我认为就是有限的全球化，各个国家都尽力掌握经济主权，把一些产能留在自己国家，能掌握自己经济的命运。

《南方周末》：难道未来全球化可能会回到 20 世纪 80 年代之前？真能回得去吗？

郑永年：相对是可以的，不会完全回得去，因为很难，就像我说中美之间不会完全脱钩一样。所以我强调与国家安全、老百姓生命攸关的那些东西可以回归，而平常衣服鞋帽这些已经形成了几十年的产业布局，重新建立一个布局，那也不太可能。美国还没有力量改变资本主义的性质，它还是资本主义国家。但是有一些方面，像特朗普用《国防生产法》把生产医疗的那些产能迁回国内，那是可以的。全球化会继续下去，但是会改变形态。

《南方周末》："有限的全球化"会加剧世界范围内的民粹主义吗？

郑永年：短时间内肯定会强化民粹主义、民族主义，因为大家都看到了上一波无限的全球化给个人、社会和国家带来的负面影响。欧美民粹主义实际上非常强大，但是不会完全走到民粹主义者设想的那个世界。我把它称为"有限的全球化"，就是说，全球化不会停止，但以前的全球化带来的一些缺陷、负面影响需要消化，要寻求民族主义与经济全球化之间新的平衡点。所以我倒不是那么悲观，世界不会又走到以前闭关锁国的状态。美国不会完全回到 1890 年以前的美国，美国还是资本主义，欧洲也是资本主义，资本主义的本性就是要往外走，哪里能赚钱，就要走到哪里。资本的本质不太会变化，但对资本，政府和社会要制定更多的规制。20 世纪 80 年代以后，资本做大了，由于没有任何有效的政府规制，资本找到了大好机会。这次疫情后，各个主权政府对资本会加紧规制，但是资本还是会流动的。大家担心，那中国怎么办，资本就不会来中国了？那不会，因为资本要赚钱，中国现在是第二大经济体，马上成为世界上最大的市场，资本不会放弃中国。

《南方周末》：从全球供应链来看，有一些外资企业将产能从中国转移到东南亚等国家，美国总统特朗普也曾多次表示，要让美国大企业回国建厂，这也是"有限的全球化"的一部分？

郑永年：新型冠状病毒疫情之前已经发生了。中国的土地、劳动力成本提高得很快，政府对环保也日益重视，有些资本开始从珠三角跑到东南亚国家，这是正常的转移。中国本身这几年一直在提倡高质量经济发展，污染性产业不要了。我们需要的是优质资本，不是所有的资本我们都要。但同时也要看到，这次新型冠状病毒疫情以后，一些外资会把医疗物资等与老百姓生命攸关的产业搬回国内，不过，不会像一些人所说的那样，把整个汽车产业迁回国内。德国、日本汽车工业在中国本身已经有了产业链，迁回去成本很高。武汉是汽车配件中心，这次疫情对日本、德国的汽车产业影响较大。但这并不是说搬离中国就安全了，因为疫情可以在任何国家爆发，资本必须理性地考虑。我不相信西方资本都会撤离中国。中国这么大的市场，西方资本不仅不会放弃，有些新的资本还是会进来。但我们的确要意识到，这一波疫情以后，全球化会以不同的方式出现。外资会减少，新的一些资本又会进来，这也是给中国的机会。20世纪80年代之前，当我们说德国制造、日本制造、美国制造，那真的就是德国制造的、日本制造的、美国制造的。现在，我们很少有整产品，一些核心技术还是西方的。我们能生产呼吸机，但有一些关键配件可能是西方的。所以，我们也要反思这一波全球化的得失。西方有些投资撤退了，中国就可以把握这个机会，发展出更多整产品。不能高度依赖采购，自己不生产，如果那样，慢慢地就失去这个能力了，附加值高的产品就永远都是西方主导的，我们总是加工、代工，这种情况很难持续下去。

《南方周末》：我们对全球化已经反思了很多年，这一波反思与之前相比，有什么不同？

郑永年：1997—1998年的金融危机很简单，就是金融部门。2007—2008年的危机，其实本质上是一样的，只是说范围更大一点。这次危机，我把它称为"综合征"。美国一周就有三百多万人失业，已经超过了1929—1933的大萧条，很多行业都已经停下来了。它不仅仅是经济危机，也是社会危机。不同的社会都产生了大的恐慌，程度不亚于大萧条；而且还有社会治理危机、政治治理危机，其实都与全球化相关。20世纪80年代以前的全球化，国家有很大的主权性。不像今天，现在除了中国，可能没有一个国家有完整的产业链，实际上任何国家只掌握了一部分产业，所以危机来的时候，经济与社会脱节了，政治与经济也脱节了，但是社会与政治不能脱节。全球化实际上把经济与社会分开了，把政治与经济分开了，但政治与社会分不开。美国总统还是美国老百姓选举出来的，总统的合法性还是来自社会，所以说这三方面应该有相对平衡的过程。人们从这次危机中看到，像20世纪80年代以来的全球化，已经走不通了。2007—2008年已经发生过一次危机了，这次新型冠状病毒疫情已经走不下去。如果美国、中国、俄罗斯、印度都有相对比较完整的产业链，各国根据自己的比较优势，在这个基础之上再进行贸易，我想这样的全球化可能会更牢靠一点，是每一个国家内部经济社会相对均衡的发展。我前面说的对社会的影响，尤其中产阶级减少，对西方的政治影响太大了。因为西方社会的主体就是中产阶级。为什么这几年右翼民粹主义崛起，就是因为中产阶级太小了，社会高度分化。现在大家在讨论这次去全球化，有的人说"去中国化"，但这个观点不是很成立。美国如果把生产线从中国搬到越南，那叫"去中国化"；把对国家安全、老百姓生命攸关的东西迁到自己的国家，这不叫"去中国化"。中国产业非常齐全，只是附加值比较低，所以中国在现在的产业基础上，要提高附加值。

《南方周末》：人们谈到全球化时，曾抱有一些美好的理想和憧憬，这些理想在"有限全球化"的时代里，还能保留吗？

郑永年：以前无限制的全球化中当然也有好多文化想象，包括我们中国人所说的"大同世界"，这种理想是存在的，但是我觉得不现实。我们每一个社会都有自己的文明和自己的生活方式。全球化以后，是不是我们中国人都喝咖啡了？全球化会创造一些共同的价值观，但地方差异还是会继续。对全球化可以有不同的文化想象，有些想象是幻想，有些是不可实现的。所以，我们还是要实事求是地看全球化：有积极的，也有消极的。

法国经济学家托马斯·皮凯蒂说，世界政府联合起来应付全球化带来的弊端，那也是一种理想，能不能实现呢？我觉得很难实现。想让富人转型成不自私的，每一个人都像比尔·盖茨那样把大部分钱拿出来做慈善，这是理想，但很难实现。可实现的理想才是理想，不可实现的理想就是幻想、空想。

《南方周末》：您提到中产阶级缩小、极右崛起，那如果疫情控制不好，全球是否会出现局部的政治危机？

郑永年：那当然。不仅仅是这个，从历史上看，西方国家对社会恐慌的控制能力是很低的。不要忘记第二次世界大战期间意大利、德国的法西斯，我们现在把这些称为邪恶的，但也别忘了，当时墨索里尼、希特勒是多么受老百姓拥戴。汉娜·阿伦特在分析极权主义的崛起时所强调的反犹太主义、大资本的利益等这些东西，其实是结构上的。当时真正导致墨索里尼、希特勒上台的就是社会恐慌。社会恐慌以后，大家需要"英雄"的出现。所以我现在很担心，本来民粹主义已经很强烈了，现在又加上疫情，会导向什么结果？我最近每天都在关注美国的失业率，如果失业率过高，怎么控制恐慌是社会治理的一个很大的问题。比病毒本身更严重的是病毒引起的社会恐慌。

《南方周末》：英国之前要推行群体免疫，民调显示 70% 的支持率，这与社会恐慌有关吗？

郑永年：这要看两方面，我想一是它不得不这样做，因为没有那么多物资，就像新加坡政府说不需要戴口罩一样。如果口罩能充分供应，我想政府不会这么说的。英国政府要面对现实，尽管英国是个福利社会，公共卫生体系其实蛮好，但光有体制没用，还要有充足的物资才行。制度能力有，但是经济能力没有，所以会出现群体免疫这个东西，但是后面它马上就改了。二是西方人的价值观，他们不喜欢强政府。亚洲人没问题，生命与自由之间选择什么？我们肯定选择生命。欧洲的封城与中国的封城完全两码事。英国封城了，但老百姓照样活动。后来约翰逊没办法了，只能规定两个人以上就不能出去了，老百姓照样不听。对生命的态度与我们也不一样。你看美国到现在还在争论，维持正常经济生活重要，还是封闭起来、宣布紧急状态重要。美国一些州政府到现在为止还没宣布，他们的价值观和我们不一样。美国一些州长、共和党议员认为为了经济生活，死几个老百姓有什么问题？经济生活更重要。他们也有自己的道理，经济坏了老百姓可能死得更多。对中国来说，武汉封城、湖北封省，整个湖北的经济活动就没了，但我们还是把老百姓的生命放在优先地位，在西方，这个共识是不会有的。

《南方周末》： 一开始欧盟各国各自为战，前些天欧盟主席冯德莱恩向意大利道歉，您对此感到意外吗？

郑永年： 不意外。有福可以共享，有难不能同当，这条规律从来没有变过。刚开始，没有一个国家是准备好的。但欧美早就知道了这些，怎么会没准备好呢？我们现在实行的体制，就是为了我们人的正常生活设计的体制，而不是战时的危机体制，一发生战争或危机，这个体制还是要变的。欧盟以前整合得很好，是大家学习的榜样，但是疫情来临的时候呢，意大利求救、塞尔维亚求救，没人帮他们，德国还扣人家的口罩。等到中国去帮他们了，他们觉得中国的影响力提高了，所以欧盟马上表态要帮助意大利等国。

《南方周末》： 这对欧盟会有什么影响？欧洲老百姓对欧盟的信任度会不会下降？

郑永年： 欧盟的软实力必然降低。这是大家以生命换来的。英国脱欧就已经看得出来，欧盟的受信任度已经在减低。这次新型冠状病毒疫情肯定会对欧盟产生非常消极的影响，它"不足为盟"。接下来要不要继续整合、更多地整合？但如果欧盟要全面整合，各个主权国家就要继续放权，把权力上交给欧盟，我想这没有可能性。这次危机可能让各个成员国意识到要强化自己的主权了。我觉得有可能更松散，而不是更整合。

《南方周末》：德国是疫情防控表现较好的西方国家，这与他们在行政管理上的专业主义有关吗？

郑永年：有关系。从政府与市场之间的关系来说，可以分成三类国家：英美国家是一类，就是完全资本主导，政府其实发挥不了多大作用；德国与日本是第二类，政府与市场的作用是均衡的；第三类，政府比市场的作用大一点。德国的经济非常均衡，其金融、制造业、服务业发展得都很好。德国这次为什么抗疫那么好，不仅仅是公共卫生体制，更重要的是他们有这个能力。从前很多德国人认为德国的医疗资源是过度的，尤其是病房太多，病房和病人的比例在欧洲是最高的。但疫情一来，德国就获益了，死亡率在欧洲最低，所以要看各方面因素，包括经济形态和产业链。德国还是一个真正的制造业大国，是整产品生产国。德国的医疗设备、医疗水平，不是其他英、美国家可以比的。德国在市场与政府、社会之间做到了均衡，这也是我们要学的。

《南方周末》：学者弗朗西斯·福山不久前撰文《什么决定了一个国家的抗疫能力》，认为决定抗疫能力的不是意识形态，而是行政管理的问题，您怎么评价这一观点？

郑永年：我还是挺同意他的观点。控制疫情与国家的治理制度相关，是中央与地方、国家与社会、政府官员与专家的关系。每一个治理制度实际上是可变的，尤其是在危机的时候。美国可以宣布《国防生产法》，特朗普现在的权力比一个正常总统的权力大得多，所以它其实本身是有灵活性的。还有，制度是人操作的，谁来当政是不一样的。同样一个美国的体制，奥巴马与特朗普就不一样，人是有主观能动性的。所以我觉得还是要看具体的治理制度，而不是意识形态，韩国与美国也不一样。欧洲国家里，德国与意大利就不一样，所以很难用这种大的意识形态来衡量。制度设计层面，一定要照顾到政府与专家的专业主义的平衡。美国也有这个问题，特朗普和福奇就有矛盾。德国、日本、新加坡这些地方的专业主义都很好，因为从制度设计层面给专业主义一个很重要的角色。中国未来要给专业主义足够的分量，发挥足够的作用。

《南方周末》：一些西方思想家正在重提社会主义，有学者指出全民健康和公共卫生的主张在美国重振了一种社会主义的想象，也有学者提出要把美国经济社会化，您怎么看？

郑永年：这个想法没问题，但从理想到现实太遥远了。美国其实从思想上已经有社会主义了，客观上也有需求，但如何把这个思想转化为现实，需要很长一段时间。为什么第二次世界大战后欧洲出现福利社会？这和国际环境有关，因为当时要与苏联竞争，福利社会是资本与社会之间的大妥协。美国是不是有这个需要？是有的。但是它要发展成为主流政治力量，我觉得还早。奥巴马的医改针对穷人，其实量也不大，3000万人，但特朗普一来就把它废掉了。所以，美国的民主社会主义思想没问题，很多人都在提倡了，包括政治人物，但是要转化成现实，还有很长一段路要走。

《南方周末》：这次疫情体现出东西方的治理传统存在哪些差异？您觉得是促成东西方文化的沟通，还是加剧误解？

郑永年：我认为不会加剧东西方之间所谓走向分化，东西方之间互相学习会更多些。西方国家也要找到个人自由与集体利益之间的交汇点。西方国家封城以后，老百姓照样自由，照样不听话。这次疫情反而给东西方一个交流的机会，这里面既有经验也有教训，大家可以互相沟通。西方一些国家已经开始反思他们的制度，看能不能从东亚国家寻找一些好的经验。

《南方周末》：那会不会促使西方重估亚洲文化传统中的某些价值？

郑永年：当然有可能。然而西方现在不好意思提中国，把中国与亚洲其他社会分开了。这段时间，欧美媒体都在称赞新加坡、韩国，赞扬这些国家的有效预防。实际上中国、日本、韩国、新加坡是一样的，没多大差别。亚洲价值当然有好的地方，比如戴口罩。其实不戴口罩也不是西方的文化，西方人以前也是戴口罩的。我看那些历史资料，1918年西班牙大流感的时候，还是美国旧金山开始号召戴口罩，并且是强制性的，但是后来这个文化消失了。美国到现在还在争论戴口罩这样的小事情，文化差距很大。但西方的文化也不是一成不变的，说不定这次疫情以后，他们又可以恢复戴口罩的文化了。

《南方周末》：在这次疫情中，中国向世界很多国家提供了国际援助，您为什么要强调突出人道主义的态度？

郑永年：我们光做不说不行，那么说什么呢？就要说人道主义、救死扶伤，我们的援助不是争大国地位。我们在欧洲哪有什么地缘政治之争？从来就没有。我们要重新界定自己。现在中国没有敌人，现在病毒就是世界的敌人，是美国的敌人、中国的敌人、欧洲各个国家的敌人。这次新型冠状病毒已经导致了全球人道主义的危机，我们就要说，我们的援助是人道主义关怀。哪里有人道主义的需要，我们就提供人道主义的救助。真正老百姓能听得进去的就是救死扶伤，你给呼吸机和口罩比什么都好，就是人道关怀，因为现在人家需要的就是这个，就是无私地帮助人家。纽约州州长就非常感谢中国的援助，这种话说出来对老百姓的影响很大，因为人家正需要这个东西，中国能重新阐述我们国际大国的责任。

七、西方舆论围攻中国抗疫，是新冷战的升级

[侠客岛按]

中美、中西舆论进行了多轮激烈斗争，其实归结起来就是一个最基本的问题：为什么中国抗疫卓有成效，但在西方一些人眼中却一无是处？

就这些话题，我们跟郑永年教授进行了一番长谈，主要关于西方舆论针对中国抗疫的"叙事策略"和"议程设置"。

侠客岛： 郑教授，关于新型冠状病毒的起源，最近西方一些媒体和政客又开始了多轮甩锅。其中比较突出的一种说法是病毒是从武汉病毒所泄露出来的；欧洲一些媒体跟进，说可能是去年参与军运会的军人从中国携带回国。这种阴谋论不少政客在用，目的当然是让中国"负责"、赔偿。在此叙事之下，中国对他国的援助、医疗物资出口，被说成是"收买人心""赎罪"。您怎么看待这种现象？

郑永年： 归结起来，西方目前主要有几种说法：一是病毒来自野生动物，二是从病毒研究所流出，甚至有阴谋论说是中国制造出来为了跟美国竞争。我个人认为，病毒绝对不是中国"人造"出来的，我们也没这样的能力。中国作为一个建立在道德文明之上的大国，没有也不会去制造对平民百姓构成巨大伤害的病毒。

无论病毒起源于何处，西方舆论现在一个核心议程设置是"中国要负责"，这是疫情扩散之初西方就已进行的议程设置。这要放在中美关系演变的大背景下看，而不是单纯看疫情，孤立事件会看不清楚。

这种演变的大背景就是：美国把中国视作主要战略对手甚至"敌人"。之前，贸易摩擦、"文明冲突论"就是这种演变的发端。美国政客将新型冠状病毒污名化为"中国病毒""武汉病毒"，是中美关系这几年连续性变化的一环。

以蓬佩奥为例，他这种政治人物可不是一般民众。新型冠状病毒早期没有统一名称，但是后来当世卫组织统一了名称、西方大多数媒体和政治人物也都将其称为"COVID-19"时，为什么只有美国政客还一直坚持用"武汉病毒""中国病毒"的说法？如果说贸易摩擦是"新冷战"的开端，围绕病毒的斗争，就是"新冷战"的升级。这已经不仅仅是某个政党派别推卸他们本国抗疫不力责任的问题，而是这些强硬派、冷战派要抓住这个机会，把中美关系升级到更加对抗的阶段，带入"新冷战"的升级版。

侠客岛：是的，从现在看，西方的议程一步步设置得非常清楚：封城封省？侵犯人权自由。中国抗疫成功、死亡率比西方低很多？不可能，一定有漏报瞒报，人为修改数字。西方出现大流行？病毒起源在中国，不是某国抗疫不力。中国帮助其他国家抗疫？影响力外交、"收买人心"……总之，基于以上种种原因，认为中国要负责，甚至要赔钱。

郑永年：我们可以仔细分析一下西方这些叙事策略。比如数据调整。英国《金融时报》最近有一篇报道统计说，在每一个西方国家，实际的感染数据可能比他们官方数字还要高出 50% 左右。中国也有数据调整，比如武汉。这很正常，因为精确到每一个病例都统计出来，是非常困难的。各国 GDP 数据还每年都有动态调整呢，关键是要把数据变化解释清楚。

美国也有这样的病例，本来以为是因其他病症死亡的，结果解剖后发现，是因为新型冠状病毒。这是个很复杂的科学问题，要用科学的方式来解答，而非政治家来定义。这些数字随时可能因为科学发现而有变化。西方也在不断修改数据。中国修改数据就不科学，是隐瞒；你修改就科学，是透明，这是什么道理？

西方也有许多人对中国的抗疫历程是真的不清楚。中国控制疫情的方法跟西方差别太大了。中国不存在西方讨论热烈的"社交距离"问题。政府说不要出去、待在家里、戴好口罩，老百姓就照做。我们之前聊过，实际上中国牺牲了很多，比如第一季度的经济；西方还在争论地方政府和中央政府的责任，争论保经济还是保生命、保自由还是保生命，中国根本不争论这些。中国是以生命为核心的，西方以自由为核心，这能一样吗？

只要对比武汉和纽约就很清楚。中国怎么阻断这种超大城市的社区感染？很清楚。武汉的确采取了超常手段，1000多万人的城市一下子"暂停"，湖北人民确实付出了许多，但是拯救了更多生命。

这就是中国式的人道主义，是我们总体价值观的反映。西方老骂中国不自由，一开始还说方舱医院是集中营，后来也学过去了。

其实，我不认为西方政府真的觉得"自由更重要"，他们是因为做不到中国这样才那么说。他们既没有政治条件，也没有社会条件。政治条件就是老百姓觉得"自由更重要"的价值观，认为你政府管得太严，就抗议，一抗议政治（选票）压力就很大；社会条件就是"老百姓要经济"，说什么老百姓也不听。我整天看CNN，政府说要保持社交距离，大家就是不遵守。纽约救济船来了，大家全都跑去看，毫不遵守社交距离规则。加州也是，人们蜂拥去沙滩，市长都吓坏了。

西方说中国早期怎么怎么样，但是西方自己呢？比如美国政府什么时候知道有疫情、病毒开始流传的？民间什么时候知道的？

侠客岛：外交部表示中国 2020 年 1 月 3 日就向美国通报了疫情。

郑永年：2020 年 1 月初就知道了，那美国政府为什么拖呢？而且疫情越来越严重的时候，政客还在抛售股票、跟大众说不要恐慌，政府最高层还在说美国有最强大的经济、最先进的医疗体系，是最安全的。这怎么能怪到中国身上呢？说西方政客推卸责任、散布政治病毒、搞意识形态化、种族主义，但光指出来还不够。中国要自己设定关于病毒扩散的议程。

总体来说，这种议程至少要做到"三个回归"：回归基本事实、回归科学、回归理性。

基本事实非常重要。只要不是人为制造的病毒，是来自自然，就不是原罪。就像崔天凯大使在美国解释的那样，"应对疫情是一个发现和认知病毒的过程，这一过程需要时间"，这很正常。地方政府和中央政府有些方面不同步，也属正常，各国都是如此。

更重要的是，中国和美国、和西方的"科学家共同体"之间，信息沟通渠道是非常通畅的，论文发在英美的科学杂志上，西方科学家早就获得了很多信息。包括外交部说 2020 年 1 月初中美之间就有通报，这说明不存在"刻意隐瞒"。这个时间线很重要。

同样，美国后续发生的一些事实，中国的媒体也有报道，尤其是美国媒体报道的那些。加州的解剖案例说明美国早就有了病例。

侠客岛：是的，现在最新的科学论文说，可能 2019 年 12 月病毒已经在欧洲传播了。

郑永年：对，这都是科学发现。这些基本事实我们要仔细理清楚，不要被别人牵着鼻子走。再就是回归科学和理性，要让"科学家共同体"去说话。政客没什么资格说这种严肃的科学问题。美国科学家共同体跟政治是有距离的，科学需要很多研究，是需要时间的。这就跟当年所谓的"西班牙大流感"一样，后来进行尸体解剖，才发现起源于美国。

要让科学家说话，不要陷入政治化的吵闹。美国的律师、社会团体、媒体、NGO 都是政治化、情绪化的，但是科学家共同体不会乱说话，因为必须遵循理性的团体规则，这个群体是公正的。以后哪怕美国有人真要起诉你、跟你打官司，科学证据也是最重要的一环，这些证据必须提早搜集。

八、后疫情时代来临，中国该如何应对

[侠客岛按]

近期以来，中美、中西舆论进行了多轮激烈斗争。我们跟郑永年教授进行了一番长谈，谈了全世界抗疫中的不同模式和效果，反华势力操弄对抗、煽动仇恨的原因，以及中国应当如何应对。

侠客岛：全世界抗疫过程中涌现出了不同模式，成效也不尽相同。您怎么看不同模式之间的效果差异？

郑永年：全世界的抗疫模式，大概可以分为 3 种。

第一种是中国模式（亚洲各国也类似），即把社会放在优先级，经济次之。一旦发现重大风险，立即启动短平快的措施加以防控，哪怕牺牲一定的个人自由。

第二种是西方新自由主义模式，可以说是最典型的原始资本主义模式。其背后的决定性力量是资本。美国早期一直在争论，要不要宣布进入国家紧急状态、宣布举国抗疫，他们还是觉得经济更重要。死一些人？人都会死的。这话很难听，但是西方一些政客就这么公开说了。

第三种是介于两者之间的，以德国为代表，所谓"社会—市场"模式。

为什么采取不同的抗疫模式？这与每个国家的政治条件、社会条件都有关系。同时还要看到，西方最初对病毒的判断，的确存有一定的种族主义心态限制。比如纽约州州长就说，最早以为这个病只有亚洲人才会得，白人不会。

在病毒扩散的早期阶段，这种看法在西方普通民众中相当普遍，是西方根深蒂固的种族优越论的表现。

中国刚开始抗疫时，西方不少人都在"看戏"。他们后来才意识到事情有多严重。同时，也不要认为西方普通民众受过良好教育，他们中间还有很多是愚昧的。美国领导人说可以注射消毒液杀毒，就真的有人去喝消毒液。

所以，把病毒扩散的责任推给中国，固然有我们之前分析过的那些算计，但从客观事实层面看，反而是害了他们的国民。美国政客说这是"外国病毒"，就意味着这不是"美国病毒"；说这是"黄人病毒"，就不是"白人病毒"，很多人真的就降低了警惕性。死了那么多人后，依然有很多美国人搞聚会，说这不就是个大流感嘛，新型冠状病毒是假的、伪造的新闻——何其愚昧！

侠客岛：在污名化中国上，下一步西方舆论会从哪儿发力？

郑永年：下一步就是推责，并且运用法律武器，把这搞成一个"复仇计划"。这背后每一种力量都有自己的动机：政党、政客想要选票；资本要把持对社会的主导权；媒体有针对中国的意识形态话语设置。总体来看就是在社会层面"anti-Chinese"、搞种族歧视，在精英层面"反共"。

侠客岛：有学者警告称，这样搞下去，是在重蹈20世纪美国麦卡锡主义的覆辙。也有分析称，美国、欧洲在联手推进对中国的"围堵"。您怎么看？

郑永年：美国前驻华大使已经说了，今天的美国就像20世纪30年代的德国。目前来看，美国是反华的领军者，欧洲一些国家则在附和。欧洲对中国的批评是从他们自己的价值观出发的，他们不完全站在美国一边。欧洲有自己的力量。现在的西方世界不是冷战时的西方世界，想要统一起来"围堵"中国很困难。

西方世界发生了变化。这次抗疫，哪个西方盟友公开站出来说要让美国帮忙？一个也没有。这是一个世纪以来的第一次，没有国家向美国求援。

欧洲从价值观上批评中国，他们也有各自的立场，德国、法国都有自己的议程。他们既不喜欢推崇单边主义的美国，也不喜欢跟自己意识形态不同的中国。美国想通过五眼联盟制造病毒"中国起源论"，但联盟中的其他国家并不认同。

所以，在反华这件事上，我不认为欧洲和美国会形成统一阵营。只要中国做好自己的事，只要中国自己足够开放，美国和欧洲很难完全走到一起，因为美国领导力下降了，不是第二次世界大战后的美国了。表面上这些国家都在批评中国，实际上立场不一样。这点要看清楚。

侠客岛：我们此前聊过多次西方舆论就中国抗疫的议程设置。中国应该有怎样的议程设置？

郑永年：西方说我们搞"口罩外交"，我们要说自己是"人道主义外交"。人道主义、救死扶伤，这些话语是通行的。中国的医疗物资援助到100多个国家和国际组织，美国很多州长公开致谢，中国的企业家、民间力量也都在援助他国抗疫，行动上都是得分的，但是言论得分不够。

同时，要考虑"度"的问题。比如针对美国反华的议程设置，说实话，你对抗得越激烈，反华势力会越开心，"敌人反对的我们就要支持"嘛。皮尤研究中心的最新数据显示，66%的美国老百姓对中国不持友好态度。所以蓬佩奥等人的高调反华，是故意的，尤其是在外交上。

怎么回应？在我看来方式要调整。比如疫情发生后，有没有人讨论中欧关系、中美关系？没有啊，一心一意抗疫。对比看美国呢？政客开始是操弄股票，现在是甩锅，这是反人道的。不是去抗疫、救老百姓，而是整天推卸责任。要多点出这些方面，多说这种行为对美国的坏处。他们哪里是为了美国的公共利益？

美国政客最希望我们跟他们打得厉害，去看美苏之间的历史就知道。他们的政治人物最怕的就是"冷藏"，没人骂他们。因此，中国最简单的回应就是，美国需要美国官员抗疫，美国人民需要的是蓬佩奥为抗疫做实事，而不是把责任推走。

侠客岛：但美国联邦政府可以说，抗疫主要是各州州政府的责任，这是他们的央地分工。

郑永年：美国的州长也都在抱怨，认为联邦政府应该负责。进口呼吸机和医疗物资都要通过联邦政府批准。现在从中国进物资多困难啊。在中国有朋友、有人脉的，可以搞到医疗物资，为什么你联邦政府不做这事呢？为什么不解决医疗物资问题呢？这是各州最需要的东西，是事关老百姓生死的东西。

侠客岛：如果谈到第二次世界大战前社会的大恐慌，谈到历史上的瘟疫、极权和战争，在您看来，这次疫情是历史的重演还是新历史的展开？

郑永年：完全是新的历史。美、苏各自拥有集团的历史已经没有条件重演了。现在欧洲对美国失望，美国影响力下降，欧洲很可能作为独立的一极出现。

还有人担忧华人在世界范围内的处境。的确，不仅是华人，包括广义上的海外亚裔，都可能受到歧视。这有点类似第二次世界大战时期日本人在美国的遭遇，低人一等，要证明自己的"忠诚"，只能走上战场。要证明对美忠诚，是不是也必须分开"中"和"华"？这是已经在发生的事实。所以有人担心麦卡锡主义会重演，毕竟在政治人物的随意操弄下，西方老百姓哪里分得清"共产党"和"华人"？

我最近很关注美国失业率，现在的失业率已经超过了当年的大萧条时期。美国普通民众又大多没有存款习惯，一旦失业，那么多人口去做什么呢？

我们都知道煽动仇恨非常危险，第二次世界大战前德国和意大利的纳粹是怎么起源的？社会恐慌，就需要强权、右派民粹主义，希特勒不就是煽动对犹太人的仇恨吗？

煽动仇恨，要有内部或外部的"敌人"，现在要发泄到谁身上呢？德国当年是对准犹太人，演变成了战争。对这一点我非常忧虑。

当然，历史有参考作用，但不会简单重复。对中国来说，最重要的还是做好自己的事情。现在美国就是要搅乱你，让你分心，美国的 NGO 们肯定会来做起诉这件事，还有很多反华势力会来找麻烦。

现在就要看清后疫情时代的样貌——后疫情时代是"有限全球化"，每个国家都回到"主权国家"，无论是产业链分布还是国家能力，所以我们也一样，要回归本国，把自己的事做好，按照既定的计划去走，一步步实现自己的阶段性目标。

九、做强内需并坚持开放，就会有新繁荣

增强发展新动能

《21世纪》：今年政府工作报告提出，要依靠改革激发市场主体活力，增强发展新动能。请您具体谈谈如何增强发展新动能？

郑永年：中国是从计划经济走过来的，十八届三中全会提出使市场在资源配置中起决定性作用。面对当前国内国际环境，要发展经济，就要发挥市场主体的作用，否则，十八届三中全会所说的市场起决定性作用从何谈起。至于该怎么做，也只能通过进一步深化体制改革。市场主体性、企业主体性必须落实到制度层面。

这次两会的很多内容都很重要，例如审议首部民法典、推进要素市场改革、"新基建"等。"六稳""六保"非常重要，但制度性改革也非常重要。如果没有制度性改革，很多事情会很难办。目前来看，制度建设正在进一步往前走。

拿国有企业与民营企业来说，从现实来看，一些民营企业仍较难与国有企业竞争，因为相关竞争的制度条件仍需优化。我们要实事求是。竞争越激烈，进步动力越大。政府应当创造制度条件，让它们不断走向良性竞争。从制度角度来说，还有很多功课需要继续做。

《21世纪》：政府工作报告提出要围绕保障和改善民生，推动社会事业改革发展。请您谈谈改善民生方面的成绩与下一步发力点。

郑永年：硬基建当然非常重要，国家经济要起飞必须有这些硬基建。

到了今天中国的硬基建还会继续，如更新与维护。现在，我们投资的重点是"两新一重"，就是新型基础设施、新型城镇化和涉及国计民生的重大项目。

什么是"软基建"？社会建设都是"软基建"，我们面对医疗、教育和住房难题，我们要有更多的医院、敬老院。我们的旧城改造需要不需要？我们有多少停车场？像新加坡差不多每一个主要的社区都有立体停车场。这是硬基建还是软基建？这些也是可以赚钱的。可以把新基建的很多内容结合起来，建设内需社会。软基建是内部建设，是为了建设内需社会。党的十八大以后做了两件很好的事情，一个是环保问题，现在环境好多了；还有一个就是精准扶贫，这些也是社会建设的内容。

无论西方也好，日本、亚洲"四小龙"也好，中产阶层很重要。建立消费社会必须有庞大的中产阶级。

《21世纪》：习近平总书记强调，一分部署，九分落实。各地区、各部门、各方面对国之大者要心中有数，强化责任担当，不折不扣抓好中共中央决策部署和政策措施落实。要力戒形式主义、官僚主义。顶层设计的落实非常重要，如何确保中央政策在执行层面有效落地？

郑永年：中央跟地方之间的关系要处理好。哪些权力是由中央来掌握，就一通到底，不要地方干预。有些事情确实属于地方政府的责任，就让地方政府去做。第一，权力跟责任必须相匹配，责任与权力不能错位。第二，决策要科学，政策本身要科学，要有可执行性。决策的时候要考虑到地方差异。第三，监察权跟执行权之间一定要有边界。

推进公共卫生治理

《21世纪》：这次两会很多代表、委员关注的一个重要议题是如何补上公共卫生的短板。公共卫生治理是治理体系的一个重要方面，请您谈谈在公共卫生治理方面应该如何补短板？

郑永年：这个短板讨论了多年了。如何建立更好的公共卫生体系，世界上有太多好的经验，做得较好的包括新加坡、韩国、德国这样的体制，它们叫社会市场。政府与市场是相对均衡的。

我劝大家多看看德国、新加坡、韩国的体制，它们没有像西方那样放任自流，完全让社会去做。能不能走一条中间的道路——社会力量跟政府力量、市场跟政府互相配合，达成一种均衡。这是我们要思考的。

一言以蔽之，体制建设应该多一点科学，多一点技术，就有希望。

《21世纪》：科学知识和专业判断要在治理的每一个环节发挥其作用。

郑永年：对，就是这样。你去看美国，美国为什么自己的防疫做不好，美国政府部门跟科学家团队经常吵架。再看德国，默克尔的科学团队很强大。

公共卫生支出、专业人员短缺、物资的存储调配等问题，这些技术层面的东西可以完全由社会市场消化。真正需要的是建立一套真正的公共卫生体制，社会跟政府一起共治，就像新加坡一样，让社群机制发挥作用。进行制度建设时，要把社会组织纳入进来，让政府和社会组织发挥互补的作用。

做大内需，坚持开放

《21世纪》：做好"六稳""六保"至关重要。"六保"是我们应对各种风险挑战的重要保证。要全面强化稳就业举措，强化困难群众基本生活保障，帮扶中小微企业渡过难关，做到粮食生产稳字当头、煤电油气安全稳定供应，保产业链供应链稳定，保障基层公共服务。如何更好地确保产业链供应链稳定？

郑永年：确保产业链供应链稳定，要从两个角度看：国际和国内。先说国际。客观地说，在疫情的冲击下，产业链供应链肯定会发生很大变化。中国改革开放40多年最大成果之一，就是成为"世界工厂"，也建立了完整的制造业体系。很多西方国家通过上一波的"超级全球化"把很多产业链供应链放到中国。以汽车制造业为例，武汉是汽车配件中心，疫情就对日本、德国、美国的汽车产业产生了较大影响。

我认为，受疫情影响，美国、日本、欧洲会对它们的产业链供应链进行重构。中美贸易摩擦发生后，美国已经在做了，主要针对关乎美国国家安全的产业，主要是高科技和5G方面。

从世界范围看，有些国家如德国已经开始把医疗物资产业迁回本土。它们会把与国家安全、人民生命健康有关的产业迁回自己的国家，同时不再把所有的"鸡蛋"放在一个篮子里，而是把很多产业分散到如印度、越南等国。这实际上是一种经济理性。

中国是世界制造业中心，所以对中国的影响立竿见影（immediate impact），但我不认为他们能完全"去中国化"。我不认同很多人的悲观看法，认为西方会完全退出中国，我觉得不会。只要中国自己是开放的，是真正开放的，我想西方不会放弃这个市场，美国也不见得会放弃中国这个市场。日本、德国、美国的汽车工业很难把整个产业链迁回去，也很难迁到越南或印度。这从实际上操作起来非常难，除非它不计经济成本。

有两个前提条件，只要美国等西方国家还是资本主义国家，只要中国自己本身是开放的，他们对中国的依存度会降低，但不会完全脱钩。

中国本身要持续地开放，不要关起门来，关起门资本当然就进不来。

我不认为美国会限制它的资本流动，所以这一点不用太担心。

李克强总理在答记者问时表示，关起门来搞发展行不通，那就回到了农耕时代。中国坚定不移地推进对外开放，这不会也不可能改变。我们会继续扩大与世界的合作，自主出台更多扩大开放措施。开放对各国如同空气对人一样，须臾不可离，否则就窒息了。

《21世纪》：刚刚您提到产业链问题。您如何看待中国经济发展面临的国际环境，包括一些"逆全球化"现象？

郑永年：这次新型冠状病毒疫情以后，我的判断是，美国和欧洲国家会把经济重点放在内部建设——主权经济体的建设，而不像20世纪80年代那样搞大规模全球化。

在坚持开放的同时，中国下一步的建设也会转向内部建设，这也是我们所需要的。从长远来看，中国的经济增长必须来自于内需，中国的内需市场首先必须做大。

美国为什么能推动全球化？20世纪80年代以后，大家只看到了资本。美国能推动全球化，因为它本身是一个庞大的市场。为什么大家都希望美国开放？因为我们不仅需要美国的资本，更需要美国的市场。日本、亚洲"四小龙"以及第二次世界大战后的欧洲是如何发展起来的？是因为美国向它们开放市场。美国人口的50%为中产阶层。中国中产阶层比例还需扩大，如果中国的中产阶层比例能达到50%，市场将大得不得了。西方没有一个国家愿意放弃中国市场。所以，我们一定要转向内需市场。

国内很多人想象产业链和国际市场分工是必然的，这完全错误，是一种"世界市场"乌托邦。我是学国际政治的，从政治学意义上说，不存在国际市场。如果国际市场存在，那是靠运气，不是常态。这个世界是由主权国家组成的，"世界市场"不是必然的，开放也并非必然。

20世纪80年代以来的全球化，我们从中获得了很大的利益，但是我们也要进一步加大创新力度，加强原创性技术，以避免关键技术"卡脖子"。

正如李克强总理所指出的："中国是一个庞大的市场……希望中国还是大家看好的投资沃土。我们愿意进口更多国外商品，成为面向世界的大市场……疫情之后会更开放，衰退之后会有新繁荣。"

十、疫情后全球化的演变与中国选择

解读疫情：泛政治化不可取

张锋：郑教授，您好，非常高兴我们能以视频对话的方式讨论新型冠状病毒疫情的防治，以及这次疫情对世界格局的影响。

郑永年：谢谢您的邀请。

张锋：新型冠状病毒疫情发展到现在已近半年时间，世界各国的专家学者、政治人物，乃至普通民众，都从不同的角度对疫情进行解读，产生了海量信息。这一方面为我们提供了丰富的材料和视角，另一方面也给我们带来了信息过载问题。您觉得从哪些角度来解读这次疫情是最有价值的？或者说，您个人最倾向于从哪种角度进行解读？

郑永年：您这个问题提得很好。但为了严谨一些，我觉得还是要分两部分来分析。第一部分，也就是关于众多角度中最有价值的角度。不同角度有不同价值，很难说某一种角度最有价值。但也必须指出，任何人在谈论疫情时如果超越了专业边界，或者是出现了泛政治化倾向，则几乎必然是不可取的角度。

张锋：您这个反向思维很有价值。我们确实不应超越专业边界，毕竟疫情防控是比较特殊的领域，涉及流行病学、病毒学、临床医学等专业知识，远非领域外人士可及，贸然置喙便不可取。

郑永年：所以包括我自己在内，如果从经济损益、政治角力、人文关怀等角度探讨疫情防控时，要明确自己的专业边界，在自己的专业边界内提供意见，并且保持开放的心态，尊重和接纳其他专业人士的意见。

张锋：很同意。但如果讨论新型冠状病毒疫情对世界产生的影响，似乎必然会牵涉到一些与政治相关的内容。这个时候，您建议"避免出现泛政治化"倾向该怎么理解呢？

郑永年：我强调的是，即便讨论与政治相关的内容，也要避免泛政治化倾向。也就是说，不要把病毒、疫情，以及疫情造成的经济与社会影响政治化、意识形态化，尤其是不要被激进的民粹主义和民族主义这类情绪裹挟，否则情绪替代理性，无论是对决策者还是对普通人都是非常有害的。这本来是谁都懂得的道理，但坦率地说，这次疫情中，国内外有很多人明知故犯。

疫情发生后，我在多篇文章里呼吁回归事实、科学和理性，摒弃狭隘的民粹主义和民族主义。对于社会问题，每一个人多多少少都会有自己的情绪，但这种情绪也最能影响人的判断力。思考严肃的社会问题还是要基于事实，进行科学理性的分析，这才是获得真知的基础。

抗击疫情须处理好政治与科学之间的关系

郑永年：第二部分，关于分析疫情防控和疫情对世界产生的影响，我个人最倾向的角度是如何处理政治与科学之间的矛盾，这是一个最核心的问题。疫情本身首先是个科学问题，但疫情防控又不仅仅是科学问题。从人类经验来看，伴随而来的还有两种傲慢。

第一种是将其他事物凌驾于科学之上的傲慢。疫情中许多国家没有做到科学优先，而是出现了政治凌驾于科学之上的现象。政治即利益表达，是不同利益之间的力量角力和平衡。利益诉求的表达如果没有被控制在适当的范围内，就很容易压倒科学。美国这次为我们提供了鲜活的反面教材——在政治人物层面，特朗普为了其个人权力、选举等考量，不惜否定专家的科学建议；在利益集团层面，无论是联邦还是各州，都存在是不是要冒险提前复工的争论，这其实反映出功利主义和人本主义的价值分歧；在国际层面，美国的政界和保守派媒体不断制造着种种病毒"理论"，如"中国起源论""中国责任论""中国赔偿论"，等等，试图把自己抗疫不力的责任推给中国。

第二种是以为科学无所不能的傲慢。在人类和自然的关系上，无论东西方，人们的认知总是有一个过程的，但总体上看，这是一个人类从谦卑到狂妄的过程。在西方，这种变化表现在自由主义的演变过程之中。在东方，自由主义更多地被理解为一种政治经济思潮。但无论如何，最终的结果就是从政治人物到普通民众，人们似乎都只是把病毒当作自然灾难来应对，并倾向于相信一种新病毒出现后，人类能够迅速研制出疫苗或药物。然而，事实远非如此。直到今天，人类仍然没有能够研发出针对 2003 年 SARS 病毒的疫苗，也没有研发出针对艾滋病、寨卡病毒等一系列新出现病原体的疫苗。

实际上，人类的利己性质往往给病毒和病毒的变种以很多机会和空间。经验表明，在两次疫情爆发间隙，很多国家的行为显示，因为政府的短视和资本的趋利性质，造成了持续投入资金预防疫病的意愿大幅度减弱，针对零星病毒性疾病的疫苗和药物市场不足以推动研究和开发。

张锋：这些不同层面的利益诉求和政治操作，在一定程度上可能被平抑，但不可能被消灭。那么，如何有效达成政治和科学之间的平衡？

郑永年：利益诉求是客观的，不会因为我们不喜欢就消失。但利益有疏导整合的可能，比如我通过观察中国的决策模式而总结出的内部多元主义架构就是一种可取的方案。内部多元主义不同于西方国家不同利益团体间相互否定、相互掣肘的"外部"多元主义。它恰恰是通过决策过程，把不同意见都吸纳到执政党所领导的决策体制中，以期在最大程度上实现代表性和有效性的平衡，也就是传统所说的"民主与集中"的平衡。中日韩为代表的东亚各国虽制度不同，但都有不同程度的内部多元主义特征。因此，至少到目前为止，东亚社会在此次疫情中的表现要远远优于西方社会。

未来全球化的演变和中国的继续开放

张锋：任何人的思维都具有惯性，一个国家也是。在科学和政治的关系上一旦形成了既定思维，恐怕很难在短时间内改变。以美国为代表的一些西方国家出现了政治凌驾于科学之上的集体意志，这股力量对世界格局的重塑几乎可以说是必然的。第二次世界大战后，尤其是冷战后的几十年间，经济全球化在崇尚科学技术和经济理性的作用下快速发展，2001 年中国加入世界贸易组织之后，这一进程更是达到了前所未有的速度。然而，经济全球化也给很多国家带来了很多问题，我们可以看到，这些问题中的大多数在过去这些年里不仅没有得到有效缓解，反而越发严重了，蓄积的社会情绪也越发高涨。如今在一些欧美国家出现的政治凌驾于科学之上的潮流，就是这类情绪的一种表达。那么疫情之后，经济全球化是否也会随之退潮呢？

郑永年：这个担心不是没有理由的。我的判断是，经济全球化不会简单地退潮，而是以一种"有限全球化"的新形态继续下去，比如回到类似 20 世纪 80 年代以前的经济全球化。那时的经济全球化是每个国家都掌握自己的经济主权，并在此基础上根据自身的比较优势进行贸易和投资。20 世纪 80 年代后的经济全球化是更深层次的经济全球化，被称为超级全球化，生产要素在全球市场进行优化配置。

正如你刚才所提到的，这种更为我们所熟悉的深层次经济全球化确实给部分国家带来很多问题，这些问题大多还在进一步恶化之中，我们不能因为中国是此轮经济全球化中最突出的受益者就否认这个事实。比如，在 20 世纪 70 年代，美国的中产阶级人口大约占到 70%，但是奥巴马执政结束的时候，勉强只有 50%。经过此次疫情的冲击，这个比例还在下降。站在美国的角度，大量中产阶级滑落到社会中下层，甚至沦为贫困人口，当然不好受。西方发达国家普遍存在这个现象，只是程度不同罢了。

学界对这个现象背后的原因已经有了共识，但知道成因并不意味着找到了解决办法，再加上多边政治的协调机制天然地效率低下，这就让一些国家和利益团体对此失去耐性，他们迫切地想要回到"昔日的美好时光"。在那些"昔日的美好时光"里，国家层面最不同的特点就是各个国家都还掌握着"经济主权"。20 世纪 80 年代以前，技术和资本当然也在不同国家间流动，但其程度和范围远不及今日。比如，一个国家的政府和央行还不至于在货币政策上失去话语权，而这种话语权的失去在如今的欧洲国家相当明显。对于美国来说，那时候它的资本和技术主要在西方发达国家阵营内部流动，而不是像今天这样把供应链布局在全球，特别是集中于中国一个国家。

疫情将西方国家产业"空心化"的缺点充分暴露出来。美国和欧洲等发达经济体虽然具有最发达的医疗系统、公共卫生系统，但疫情发生后情况依然很惨烈，一个重要原因是 20 世纪 80 年代以来的全球产业转移，把口罩、洗手液、防护服、呼吸机等低端医疗物资的产业链大量转移到中国等发展中国家，欧美国家自身的生产能力大幅降低。

中国在抗击新型冠状病毒疫情过程中，之所以能在短期内取得巨大成效，不仅缘于全国统一行动的制度优势，也有赖于医疗物资相对充分供给的经济优势。虽然中国刚开始医疗物资也曾短缺，但随着产能快速提升，供应很快基本缓解。因此，疫情之后，各国无论从国民生命安全还是经济安全考虑，都会设法促成一些产业的回流，也就是要更多地把经济主权掌握在自己手里，经济全球化会因此转变为"有限全球化"。

张锋： 有限全球化，较之过往的经济全球化，可谓是人类政治、经济发展趋势中非常重大的变迁。如果有限全球化是不可避免的趋势，那么将来的局面会不会对中国非常不利？

郑永年： 这需要分短期和长期来看。从短期看，这种局面对中国来说确实是不利的，因为这将给中国带来较大的产业调整成本。但也不用对这种冲击过于恐惧。在有限的全球化下，美国、日本等国家即使将企业迁回本国，也是一个较长的过程，不可能在一年半载内完成。就中国外向型经济比较发达的地区，比如长三角和珠三角而言，它们的供应链网络优势明显，外资企业中的一部分即使要执意迁走，也还有一个必然的过渡期。

从长期看，不利的影响未必那么大，甚至可以预期中国将从"有限的全球化"中获益。一方面，西方企业不可能全部撤离。有些领域例如汽车产业，西方企业在中国形成了完整的产业链，不可能把整个产业链撤出中国；另一方面，西方企业撤离后会让出原本由他们占据的中国国内市场，中国本土企业可以迅速代替他们占领这部分市场。目前中国是世界上产业门类最齐全的国家，而且国内市场广阔，有限的全球化对中国企业来说也是可利用的机会，不仅可以占领西方企业留下的市场空间，还可以向产业链中的高附加值环节发展。

当然，必须强调的是，以上积极预期离不开一个关键因素的支持，就是中国总体上仍旧保持开放，而不是走向封闭。由此，我们必须认真地讨论一下中国会不会在疫情之后走向封闭的问题。关于这个问题，我对中国继续保持开放，乃至进一步扩大开放还是比较有信心的。

张锋：中国人历史上吃过"封闭就要落后，落后就要挨打"的亏，不应该对此缺乏认识。当今中国，改革开放的基本国策已深入人心。新型冠状病毒疫情固然凶猛，但比起历史上因为封闭带来的"痛"，比如改革开放前因为封闭带来的"穷"，是小得多的损失，中国怎么可能会重新走向封闭呢？

郑永年：中国正在尽可能防止出现"重新走向封闭"的结果。但基于对当前局势的判断，我们有必要对此有更加谨慎和明确的认识。新型冠状病毒疫情爆发之前，即使美国开始大搞经济民族主义和贸易保护主义，中国领导层也依然保持着清醒的头脑，在多个场合表示决心继续推进经济全球化。中国通过艰苦的努力和美国达成了第一阶段贸易协议。这都证明中国是有强烈意愿进一步开放的。但新型冠状病毒疫情使我们看到，尽管改革开放 40 多年了，尽管人们以为中国已经深度融入世界体系，但突然间，人们发现西方还没有准备好接受中国。

事实上，以美国为代表的西方世界与中国的互动关系，已经从以往"拉"和"推"，正朝向"挤"和"退"演变，即以美国为代表的西方想把中国挤出世界体系，中国面临着是否"退"出这个体系的问题。"退"不是表现在物理和物质意义上，而是表现在思想和态度上。

以中国的体量和已经达到的发展水平，纵使外界有再多不利因素，中国也不会停止发展，更不会走向衰落。不过，面对西方的"挤"，中国如何保持不"退"，是当今中国人需要认真面对的挑战。

如何从人类价值的高度反思疫情

张锋：不是所有人都欢迎经济全球化，更不是所有人都乐见一场由中国主导的经济全球化。经济全球化以往在世界范围内累积的问题，借由这次疫情爆发出来，短期来看是对于过往政治、经济秩序的冲击；长期来看，很有可能重塑这些秩序，比如我们刚才谈到的"有限全球化"和中国在其中是否能够继续扮演开放者的角色。这些问题，仅仅在半年前都是难以想象的。不得不说，新型冠状病毒疫情这场意外值得人类社会从方方面面进行反思。郑教授，您觉得如果上升到人类价值的高度，我们该有哪些反思呢？

郑永年：这其实是一系列宏大的问题。

首先，我始终认为抗疫的核心是处理好政治与科学的关系，所以还是要呼吁大家在制度文化层面进行反思。制度文化是人类基本价值的重要组成部分，但往往也是争议极大的一部分。就制度而言，有几点是人们必须有所认识的：第一，每个国家的制度都是根据其自身的文明、文化和国情发展而来，并且是向未来开放的，在不同阶段与时俱进，以应对变化。第二，制度具有可变性和灵活性。没有任何一个制度会像"民主论者"或"专制论者"那样刻板地存在和运作。任何制度都既有其民主的一面，也有其专制的一面。在应对危机的时候，集权的体制可以转向分权，分权的体制可以转向集权。第三，制度操作者的主观能动性，也就是领导能力问题非常重要。制度是由人来操作的，同样一个制度由不同的人来操作，效果会很不相同。

其次，在公民与社会关系层面，每个公民都应该力图找到个人与集体利益的交会点。社会就是一个共同体，每一个个体都负有责任。疫情防控并非仅仅是医生、政府官员、志愿者的事，而是所有人的事。不管是直接参与者还是间接参与者，不管是局内人还是局外人，众多个体能否有效集合起来，决定了战疫的成败。结合上面提到的制度因素，我们可以观察到，社会和这个社会中的个人都有自己的"权"，但他们的"权"又都有其界限。每个人都有权行使他的自由，其界限是不侵犯他人的自由。如果妨碍别人的自由，社会有权制裁他。换句话说，个人自由的行使必须考虑到社会（群体）的利益。

最后，在超越国家和个人的国际层面，虽然西方国家最早提出了"只有利益是永恒的"，但这至少不是人性的全部。我们还要大力提倡弘扬人道主义精神，任何国家和个人都应该在力所能及的范围内为有需要的人提供人道主义救助。发扬人道主义精神不仅是疫情大爆发时期的需要，还是在任何时期检验人类道德水准的重要指标之一。通过在人道主义领域有所作为，中国能够以一种非常积极的方式展示其大国的责任担当，这非常符合中国提倡的构建人类命运共同体理念。

十一、世界要回归科学理性

凤凰网香港号陈笺： 郑教授，您好！这场疫情不仅打乱了世界秩序，更使因贸易摩擦而紧张的中美关系雪上加霜。我们现在一直说这个世界上好像只有观点和立场，已经没有事实和真相了，您怎么看？

郑永年： 对，现在这个世界我觉得确实是这样，整个世界都是这样。为什么会产生这个局面呢？这也不是历史上第一次，是经常发生过的。当天下大乱的时候，大家都不去看事实，不去寻找天下大乱的根源在哪里，不想去找到根源，不想找到医治天下大乱的药方。大家都诉诸自己的意识形态，这就是乱象，我觉得不仅仅中国一部分网民是这样，美国是这样，欧洲是这样，各个国家都是这样。

尤其麻烦的是我们进入了一个社交媒体时代。以前也是讲意识形态的，但以前的意识形态，因为媒体就是报纸电视这些，还是精英的一个产物，还是受过教育的人的产物，大家还是有所思考的。但是在社交媒体的时代，你看看美国的网民，看看中国的网民，大家很多东西都是情绪化的，大家失去自我了，这是很矛盾的。一方面，大家通过社交媒体里过量的信息去寻找自己需要的所谓的自我认同，社会的自我认同。现在什么样的人都能在网上找到自己的思想，找到自我认同。另一方面，好像是自己有大家的认同感了，所以认同政治就出现了。

什么叫认同政治呢？就说我是黑人，我是白人，我是黄种人。我认同这个民主价值观，我认同那个自由价值观，就把自己跟那个标签放在一起。所以现在今天世界的多元化不是传统意义上的多元化。认同政治使得大家每一个人脑袋里面都在高度意识形态化，事实变得不重要了。

所以现在叫后真相后事实时代，大家觉得事实不重要，都喜欢自己主观来看，所以事实就没有了，这是很糟糕的！这也是世界乱象的一个非常重要的表象。用身份政治、认同政治掩盖了事实，使得大家找不到事实、看不到乱的根源在哪里，那我们如何去找到乱的根源？所以我对未来世界有点悲观。

其实很多领导层，像是欧洲的领导人、中国的领导人，他们还是很清醒的。我一直在说，一个社会，怎么样的制度，无论是民主的还是不民主的，比较传统的比较现代的，只要这个精英阶层还在，只要这个精英阶层还是理性的，这个社会还是可以治理的。一旦精英阶层被民粹主义所裹挟或者自己本身就变成民粹主义了，这个社会就怎么治也治理不好了。你看美国欧洲的那些民粹主义，就是这样一个道理。反而有些很多的国家，包括中国，领导集团实际上还是理性的，社会再怎么样，局面还是可控的。

所以我一直在呼吁，今天的世界要回归三样东西：回归基本事实，回归科学，回归理性。如果我们能回归事实、科学、理性，这个世界也许不会那么糟糕。但是如果我们强调我们自己所认同的这一点点非常狭隘的认同感，身份政治、认同政治，这个世界会变得越来越糟糕。

制度的优劣是有的，但是我们不能把它片面化

凤凰网香港号陈笺： 很认同您的观点。现在确实每个人都在发泄自己的情绪，表达自己的立场，但是真相是什么却不知道。这场疫情，其实我们全人类面对的共同敌人就是新型冠状病毒，但是现在成了国与国

之间的"甩锅"。有人说这场疫情，中国打上半场美国打下半场。那么您觉得在控制疫情方面到底有没有制度的差异或者制度优越性的体现？

郑永年：当然有。我觉得如果大家客观地稍微回归一些基本事实去看，还是可以看得出来的，对不对？我是觉得制度有差异，但是我们对制度差异，对制度本身，不能做一个狭义的理解。我们有的时候老是去看制度本身，还是从身份政治上去看：你是民主的，你是专治的。如果这样去看就完全错了。

我觉得我们看制度，要从整体治理制度去看，不要用高度意识形态化的态度去看政府去看制度。看中国也好，看西方也好。我先说美国，我一直在总结，这次疫情以来，明显可以看得到每一个国家当然有他自己的政治制度，有他自己的国情。但是总体来说，对付新型冠状病毒疫情世界上有三种政治治理体制模式，已经能看出来了。如果一定要用意识形态来分的话，其中一种可以称之为完全自由主义的，所谓的佛性抗疫，美国、英国和瑞典，就是这样一种方式，如果从经济学的角度来说就是市场主导的，从社会的角度来说就是社会主导的，政府发挥不了多少的作用。

凤凰网香港号陈笺：奉行新自由主义价值的英美表现不佳，为什么？

郑永年：治理模式怎么样？我们也不能太意识形态化。你想一想，美国、英国，包括西方集团欧洲那些国家，他们是这世界上最发达的经济体，他们也拥有世界上最发达的医疗系统，公共卫生体制也是不错的，比起其他国家是不错的。但为什么那么惨呢？美国那么多人感染，美国整个媒体都在整天在批评美国政府，你不能说美国政府不作为不想做吧？也不是这样。我想特朗普作为美国总统，他也不想看着美国人民死那么多，每天都在死亡是吧？但为什么没有做好？这跟美国的两党制，跟美国的自由制度有关系吗？有关系，但也不是唯一决定论。

早期特朗普说美国人不用怕，我们有世界上最强大的经济，我们有世界上最好的医疗系统，你不用怕，应当是安全的，但是老百姓感觉到不安全，在这个时候再强大的经济体有什么用？最好的医疗系统有什么用？老百姓所希望的就是最平常的口罩、洗手液、防护服，还有医院所需要的呼吸机，这些才会给老百姓带来生命安全感。你说这些东西美国不能生产吗？不是不能生产，是不生产了。因为上一步解决方案的时候，他们把这些东西全都转移到其他国家去了，发展中国家，尤其转移到中国去了。所以我们要平衡地去看美国为什么这次那么狼狈，我想英国也是一样的，瑞典也是一样的。在没有这样条件的一些经济或者在医疗物资的条件下，只能提出来"群体免疫"了。

举个例子，新加坡也是一样，早期政府说不用戴口罩，问题背后就是没有足够的口罩，因为口罩生产线也是放在其他国家、其他的经济体。现在把生产线迁回来了有足够的口罩了，可以鼓励大家用口罩了。这是一个美国、英国、瑞典的模式。

中国是另外一个极端，湖北武汉发生疫情以后，马上举国体制，全国动员起来帮助湖北武汉。举国体制就是表明一个政府的动员能力，但是有动员能力之前必须有东西可以动员，这跟中国的改革开放分不开。中国没有碰到欧美这样的缺医疗物资的这样局面，为什么？因为20世纪90年代以后，我们变成世界制造工厂、组装工厂。世界上很多的生产线都在中国，尤其是医疗物资。所以早期我们短暂地面临了医疗物资短缺的问题，但是因为我们有众多的生产线，所以我们马上就克服了这个问题。设想一下，如果这个事件发生在改革开放以前，中国没有能力生产这些医疗物资，中国会怎么样？所以也不能简单以一个举国体制这样来概括，还有背后的政治经济原因。

中国是举国体制，是政府来决定和推动的这样一个体制，美国是市场、社会来推动的一个体制。还有一个中间的，那就是德国体制，早期德国也是表现出不作为，但是德国马上就恢复了它的能力，为什么呢？因为德国的模式，学术界把它称为社会市场模式，社会、政府跟市场之间、社会跟生产比较均衡的模式。德国模式也不错，所以说制度的优劣是有的，但是我们不能把它片面化，这不仅是一个政治体制的问题，还有包括经济体制和社会体制，这是大家所忽视的。

如果比较一下东亚社会和西方抗疫的主要差异，是社会的差异。对中国、日本等的人民来说，在自由跟生命之间，没什么好选择的。没有命了还有什么自由呢？所以我们肯定先选择生命，哪怕是政府的规制，政府的一些措施走到极端了，我们为了生命也可以接受的。西方就不一样，西方政府也是颁布了紧急法令，老百姓遵守吗？不遵守。他们对生命跟自由的理解，跟东亚社会人民对自由跟生命的理解是不一样的，所以还要加上社会体制。因此我觉得制度的差异是有的，但是不能光强调政治体制上的问题，我们要考虑到经济因素，要考虑到社会因素，这样才会看到一些基本的事实。否则的话都会过分夸张或者过分低估体制的因素。

病毒不分国家，政治方法对付不了病毒

凤凰网香港号陈笺：刚才您说了制度各有优势，但其实经济基础和行政执行力也是蛮关键的。刚开始的时候，很多人都把新型冠状病毒叫作"武汉病毒""中国病毒"，因此在西方社会也出现了反华浪潮。在地

球村里，6000多万中国大陆以外的华人受到了这样的不公待遇。对于这个病毒的来源问题，科学上的考证应该怎么去做，由谁来做呢？

郑永年： 这个问题当然很好，为什么说要回归科学，实际上我是觉得很可惜的。美国这次为什么在抗疫方面很惨呢？主要是对科学不尊重，科学家的作用显不出来。你看特朗普在抗疫过程中，主要表现为他自己本人的政治意志跟科学家的科学意志之间的矛盾，他的矛盾就表现为与福奇医生争论，与科学家们争论。其实美国科学家共同体是非常强大的，但是这次美国太政治，甚至把科学也政治化了，所以科学家共同体的作用表现不出来。

我刚才说的德国，看总理默克尔，她有一个强大的科学家团队在背后支持她。中国更是这样，中国甚至用政治上的原因来管理老百姓的行为，去符合科学和规范。

科学很重要。这个病毒本身，我是觉得美国把它政治化的，那是因为政治原因。我一直认为，这个病毒只要不是"人为制造出来的"（这一点当然已经被世界共同体、已经被科学家共同体否定了，这个病毒不可能是人为制造出来的），病毒在任何地方被发现，都不是原罪。因为病毒不分国家，可以产生在任何一个地方。

1918年西班牙流感发生在美国，世界上还有艾滋病，有中东病毒，有非洲的流感。病毒是不分国家的，没有护照的，它可以发生在任何一个地方。所以怎样利用科学来研究病毒，找到根治这个病毒的方法是最重要的。政治方法对付不了病毒，只能用科学的方法来对付。

所以中国这方面实际上从一开始就做得很好，尽管政治上外交官之间互相吵来吵去，但是中国的科学家共同体早就跟美国的科学家共同体、跟欧洲的科学家共同体、跟世界卫生组织一直在分享信息。可是在这方面的科学家共同体的合作反而被政治化了，被遏制了。实际上是科学家共同推进国际方面的合作，可是现在我们所看到只是政治人物之间或者外交官之间互相的争论，看不到科学家共同体之间的合作，这是非常遗憾的。

那么你刚才的问题谁来回答？我想政治人物没有资格，只能交给科学家，因为这是非常科学的东西。并不是说政治人物说这是"武汉病毒"就是"武汉病毒"，这是"中国病毒"就是"中国病毒"，对不对？即使你这样说，对消灭这个病毒一点好处都没有，反而设置了很多障碍。

推责是一个非常愚昧的做法

凤凰网香港号陈笺：目前来说中国对疫情的控制还是很成功的，是吧？

郑永年：中国现在的方针是非常正确的，现在已经把它政治化了，所以中国的原则我觉得是对的，这个时候大家不要政治，不要争吵，先把疫情控制下来。控制下来以后，然后在联合国这样一个多边组织的框架内，大家组建一个科学家共同体来查病毒到底是怎么产生的，我们用怎么样的有效的方式来对付它，同时避免以后再发生类似这样的事情，这本身就需要一个科学的态度，而不是政治的态度。

但现在很可惜，大家是高度政治化，美国不愿意联盟，要查中国。一些地方政府，美国州政府，一些社会组织，说要中国赔偿。这与病毒有什么关系呢？都是政治操作，政治操作实际上对谁都不利。那么多的政治操作对美国国内有利吗？我对美国实际上还是蛮公平的，但是这次美国和其他国家太政治化，从来没有一个国家有那么多的政治人物，那么多的高官，整天推责，不好好抗疫。我想如果这些政治官员，这些国会议员，政治人物，大家都帮助美国特朗普总统抗疫的话，美国的情况肯定会好得多。加上美国医疗物资短缺，在这样的情况下，作为国务卿，应当想着怎样来解决这个问题，可他反而把问题政治化。

中国很多的口罩进不去或者医疗物资进不去，因为州政府不能作决定，只能让联邦政府作决定，这些事情都没人做。所以我是觉得政治化对美国没有好处，对哪一个国家都没有好处是吧？推责实际上是推不掉的，如果真正要做好，把美国的疫情控制住了，这是最大的责任，而不是说把这个责任推到中国头上，因为推不掉的。牺牲的不还是美国人民吗？所以推责是一个非常愚昧的做法。

凤凰网香港号陈笺： 从历史上来看，我们也看到有很多的大瘟疫，包括西班牙流感等，有没有国家需要为作为疫情爆发地来承担责任的？应该没有吧？

郑永年： 历史上从来没有发生过。我刚才说了，爆发地并不意味着它就是原产地，爆发地也可以是从外面引入的，可以是从任何方面引入的，所以这些东西有太多不确定的因素了。美国一些高度政治化的人说这个病毒是"中国人制造的，中国人是故意传播出去"。这根本不是这样的。如果中国真的有这个技术了，倒也好，真的也好，中国就什么都不怕了。问题不是这样的，这就是人跟自然交往的结果。历史上产生过多少的病毒呢？科学家初步统计，还有一百六七十万种的病毒，每年都会产生不同形式，爆发从来没有过的病毒。

所以又回到大家的身份政治，美国为什么不愿联合，为什么会这么做？因为只要把病毒跟西方所说的"中国专制"结合起来，联系起来，他们就成了，他们就觉得自己道德高尚了。现在很多人完全偏离了基本事实，完全偏离了科学，完全是从意识形态来讨论问题。

原创性技术的大国才是强国

凤凰网香港号陈笺：经过过去 40 多年改革开放，中国成为世界第二大经济体，一直都是把发展经济放在首位，无论是我们的国家也好，或者我们这一代人，都得到了全球化的红利，对吗？那么现在疫情中，甚至在疫情之前就有一种逆全球化的思潮开始体现，您觉得全球化这条路还能走得下去吗？

郑永年：全球化当然不是说特朗普或者哪一个领导人可以改变的。全球化基本上从马克思时代就已经讨论解决好了，全球化主要是资本的产物。只要资本本性不变，资本就是要赚钱，要盈利。只要资本存在，全球化就不会停止。

凤凰网香港号陈笺：您之前说到有限的全球化却是我们中国企业的契机，这个契机是不是也是转型升级的一个契机，从购买、采购或者组装到自主发明这样的一个过程的演变？

郑永年：当然了，这非常重要。现在是个危机的也是个机会。我们改进短板，你看中国有多少的科学家在美国、西方工作。美国、西方很多东西是中国的科学家创造出来的，那么我们为什么自己不能做呢？这就是我们要补上的。一个组装大国永远成不了所谓的强国，原创性技术的大国才是强国。我们只是虚胖，我们人数多，但是很虚的，肌肉不够的。所以我们下面就是要练肌肉。

凤凰网香港号陈笺：所以就像我们做媒体一样，不能一味地追求点击量，也不能拿来主义，要有原创。

郑永年：中国媒体这种技术手段，这些东西比哪一个国家差呢？不比美国差，甚至超过美国。但是为什么没有我们所说的软力量？为什么我们没有这个话语权？我们没有原创性的思想（idea）。美国西方的媒体为什么强大呢？因为它背后有一个强大的知识体系，对不对？

中国媒体只是个传媒的手段工具，我们背后缺乏一个强大的知识体系。到今天为止，我一直在批评中国的学者，我们有没有一个强大自己的知识体系？到今天为止没有，我们这个知识体系都是从西方借用过来的，搬进来的，进口的，所以你说出去的话对人家就没有吸引力了。人家比我们更熟悉，我一直是耿耿于怀的。

改革开放以后，8亿多人脱贫，但是那么多经济学家的解释对中国扶贫有原创性的思想吗？没有。中国经济学家能把中国的扶贫背后的现象解释清楚吗？我想这不仅仅是一个两个人不会讲的问题。我们没有原创性，主要是我们没有背后的知识体系。这跟我们的技术一样，现在为止，我们还是应用人家的知识体系，要是我们没有自己原创性的知识体系，就是没有原创性的 idea 的话，中国永远没有 softpower（软实力）。

质量型经济不仅仅是一个技术创新的问题

凤凰网香港号陈笺：我记得多年前我采访一位经济学家，他说其实中国什么都好，只要我们从追求 quantity（量）到 quality（质）转变的话，中国就真正强大了。那么在这次的两会当中，我们看到政府的工作报告第一次放弃了对 GDP 指标的追求，您觉得这是不是一个好的起点？

郑永年：早该这样了。经济上也是这样，什么叫质量经济？质量经济就是原创性经济。我们不要跟欧洲国家比了，看看我们的邻居日本等。

日本等为什么在经济起飞的 20 多年以后，中产阶级就达到 60% 甚至 70% 呢？这个很重要，对他们的可持续发展非常重要。你看看日本、韩国、新加坡、中国台湾的技术，你就知道质量经济为什么重要。别忘了我们现在的人均 GDP 刚到 1 万美元，就像李克强总理记者会上说的，我们大部分还是穷人。

凤凰网香港号陈笺：很惊讶。

郑永年：是很惊讶，这是我们的基本国情。哪怕是今天不看这个穷的群体，如果是从 1 万美元算，要达到台湾的水平 26000 美元，还差 16000 美元。16000 美元怎样取得？我们以前改革开放 40 多年都是粗放型、扩张型的数量型经济。数量型经济还可以走一阵子，但是已经走不动了。

长江三角洲、珠江三角洲和京津冀这一带，尤其是珠江三角洲人均 GDP 已经 2 万多美元了，假设要做到美国 5 万美元的水平，新加坡快 6 万美元的水平，靠什么呢？就靠质量经济，也就是原创性的东西。我们必须看到最近几十年，我们从管理方式、商业模式方面确实有一些原创性的东西，像阿里巴巴，但是对经济发展最重要的技术上的原创性少，对吧？我们有些 idea，你看我们现在在西方发表的论文越来越多了，但是怎么样把它转化成劳动生产力、转换成实际成果呢？

所以说质量型经济不仅仅是一个技术创新的问题，还要体制创新，要改制，通过改制来追求经济，质量型经济，否则 2035 年的目标我们怎么达到，2050 年的目标怎么达到？

新冠疫情后的世界秩序，中国需要作一个定位

凤凰网香港号陈笺：这就是您提出的"软基建"的重要性了。当然

目前对中国来说有危也有机，就是说现在我们可以不要一切都是追求量化了，我们要追求有质量的经济。刚才您也说到原创很重要，大家要有追求质量的意识，还要有思想力。

您以前的文章也提到过其实执行力或者反思能力都非常重要。那么我想问一下在疫情后新的世界版图上，中国会是一个什么样的角色？

郑永年：我们现在要考虑中国的角色的话，就要考虑到世界整个秩序都在发生变化，就要考虑到后疫情国际局势是怎样的，我们要作一个重新的定位。我们一直在批评西方的冷战思维，但是我们自己也要从以前旧的思维框架跳出来，世界是变动的，我们的思维也是要变动的。

假设地缘政治在塑造中国鸦片战争以后的整个中国的发展中非常重要，那么我们要意识到现在的地缘政治是什么。以前我一直在担心的就是还有很多人停留在以前的陆地的地缘政治。以前所说的谁控制中东、阿富汗，现在控制中亚人，控制整个世界这种思维，也有一种以前海洋时代的地缘政治思维，谁控制海洋就是控制世界。中国没有说要去控制世界的是吧？我们也没有这个能力，也没幻想，但是如果有这种老的思维，就会使得中国失去一个新的时代。

我最近这几年一直在说，中国要防止陷入"明朝陷阱"。明朝的时候郑和下西洋，中国的国家能力是世界上最强的。海洋时代还没开始，明朝的倭寇骚扰中国的沿海一带，实际上中国民间的海商力量也是世界一流。如果明朝没有保守的意识形态，海洋时代还是属于中国的，那个时候葡萄牙、西班牙的船没法跟中国相比，后来是荷兰、英国，我们失去了一个海洋时代，失去这个海洋时代，明清闭关锁国到鸦片战争，被人家用枪炮打开我们的大门。

现在我们必须有一个正确的判断，我们属于一个什么样的时代？我们现在不是陆地地缘政治时代，海洋还是很重要，但也已经不像大英帝国海洋时代那么重要了，我们也没有说要去主导整个世界，我们要追求的是国家的富裕、富强、民主。

现在是个以互联网为主导的信息时代，所有的其他东西都离开不了这个。如果有这样的判断，我们就知道怎么做，重点应当放在哪里。我觉得对于我们到底属于一个什么样的时代，在中国并没有共识。

新型冠状病毒疫情后的时代是什么样的？我们要做大量的研究，美国也好，欧洲也好，大家已经在讨论了。假设美国已经开始做新型冠状病毒疫情后的世界秩序，美国有外交政策，我们也需要这样一个定位。因为中国改革开放的40多年，也是中国全球化的40多年，中国已经融入了世界经济体。无论是美国、西方还是在中国，无论什么样的原因，一定要把中国跟西方世界脱钩是非常痛苦的，也是一个漫长的过程。

实际上从中国现在的经济规模能力来说，我们有能力来维持这样一个全球化的局面，但是全球化的形势要改变。很多东西需要不从意识形态出发，不要太情绪化，我们需要大量的精力来认识这个世界，认识这个世界以后才能去改造这个世界，这就是马克思所说的。

香港的二次回归就是要强化一国两制

凤凰网香港号陈笈：对于一国两制的香港，您也曾经提出过要二次回归的概念。那您认为完成觉得二次回归之后，香港在国家的版图上又将扮演一个什么样的角色呢？

郑永年：香港必须二次回归，但是二次回归不是说像美国西方那些人说的，就是一国两制终结，不是这样的，二次回归就是要强化一国两制，就是要强化香港在我们国家未来发展中的地位。为什么要有国安法？因为香港回归多年，基本法所规定的一国两制一直未能得到贯彻执行。那么国安法就要巩固香港一国两制的地位。所以我个人觉得这次立法不是说弱化或者废除一国两制，而是说要强化巩固一国两制，使得香港有一个新的定位，以期发展得更好。

香港一定会繁荣下去。因为这不仅仅是香港的利益，也是整个大湾区的利益，也是整个中国的利益。香港金融中心的地位不是说哪一个地方可以取代的，任何一个地方，上海也好，深圳也好，广州也好，并不是想成为金融中心，两三年就可以建立起来了，不是这样的。它不仅仅是一个经济量的问题，还是一个文化的问题，体制的问题，所以这是非常综合性软力量的问题，所以香港还是会在中国的发展过程中，尤其是在大湾区过程中，扮演非常重要的角色，甚至更重要的角色。

香港问题只是短期的，对长期的香港来说，我是非常看好的。这次香港国安法的颁布，商界还是很支持的，这样乱下去香港有什么前途？太政治化了。香港这帮年轻人，又回到我们前面那个话题，就是想用认同政治来解决他们的阶层问题，阶级问题，这是解决不了的。要解决问题，还是要老老实实地回到发展轨道上去。不稳定哪有什么发展，不稳定哪有什么资本的安全？

凤凰网香港号陈笺：郑教授我们也看到坊间有些说法，香港的资本市场有些说法，好像说最近有很多的资金去了新加坡，新加坡银行新开账户激增，有没有这样的现象？新加坡和中国香港之间彼此的竞争关系是怎样的？

郑永年：我是觉得这个就要放平心态。资本是比较敏感的，资本本身就是流动的代名词。我想到1997年以前，也有大批的香港资本跑到国外，但是 1997 年以后又回流了。资本避险的本质应当理解，主要香港这块地方是有利可图的，哪怕是资本暂时地离开了又会回去的。

这点我觉得不用怕，香港本身是搞得好的，这些资本流动有什么可怕的呢？关于资本流入新加坡，并不是资本越多越好，不是这样的。因为资本流入有很大的风险，来得快去得也快。所以我最近提出一个概念，大湾区未来就是会变成嵌入型经济平台，来了以后不愿意走也走不掉，因为它深深地嵌入了整个经济平台里面。

我一直在思考，像西方国家，美国也好，欧洲国家，从 20 世纪到现在危机不断，我们有的时候甚至认为资本主义就要解体了。但不是的，西方的那些资本，那些技术，好的研究机构融入那里，从来没有跑出来过。跑出来的也不是那么优质的东西，我们就要思考了，为什么那么多的危机，他们还是待在那边。

因为他们深深地嵌入在那个平台里，中国以后也要这样。新加坡这几年的成功，城市整体升级，也就是为了有一个使得技术资本有比较巩固的基础来嵌入这块土地，尽管很小。

我想香港也是一样的。我觉得国安法做好了，香港跟大湾区一整合，就会变成这样一个嵌入型的巨大的世界性的经济平台。这也就是整个的大湾区发展的下一步，也是中国发展的下一步的一个重大规划。

开放跟管控之间要有平衡点，中国仍然有改进的地方

凤凰网香港号陈笺：对于新加坡的疫情您觉得控制得挺好的，但是我们在境外就比较担忧，看到数字还是比香港增加得快。但是您觉得控制得好，是因为新加坡政府知道自己的弱项在哪里，可以随时作出调

整吗？

郑永年：不是。新加坡当然也是属于亚洲国家，它跟中国有共同的地方，那就是政府在控制疫情中要扮演一个更为积极的角色。但同时它因为各种条件的限制，比如我刚才提出来早期的口罩问题，它也不想走到另外一个极端，像武汉封城那样。因为它是一个外向型的经济体，如果一下子封起来的话，会变成有城没市。所以要做到一个平衡点，在开放跟管控之间有个平衡点，所以新加坡实际上做的有点像德国的模式，但是是科学的。

所以你看，尽管新加坡的数字在变化，但主要还是外来民工这个群体。外来民工这个群体是相对孤立的，相对就是处于一种隔离状态。那么政府加大检测程度也是一样的。数字跟检测的多少都有关系，所以新加坡政府不容易，能做到开放跟管控之间有这样一个平衡。

基本上我觉得新加坡疫情控制是很好的，它的死亡率是世界上最低的。所以我也一直说中国，尽管我们成功了，武汉成功了，但是仍然有可以改进的地方。因为大规模的封城的话使得中国第一季度的经济已经没有了，当然这样"事后诸葛亮"的评价是不公平的。如果未来也有这样的危机的话，能不能找到一条更平衡的政策、做法呢？那样可能会更有成效。

疫情之后仍需反思

凤凰网香港号陈笺：刚才教授分析得非常透彻，从历史到今天，还有您自己的思考和见解。其实中国走到今天，全球化带来很多利好，现在欠缺的可能就是原创性，中国不能成为一个组装国，还要有思想性，执行力等，都要在这段时间来提升。所以在今后的世界版图上，中国的角色还是不可缺失的。不会像有些人说的现在只存在两个国家了，一个中国，一个是外国。您怎么看这样的说法？

郑永年：我觉得他们就是信心不足。中国跟世界的关系并不是像一些人所说的那么糟糕。这次我们跟强大的美国相比，美国还是最强大的国家，最大的经济体，最大的市场，具有创新的技术能力，还有美元。但是美国的软力量下降得很快，就是因为它没有强大的领导层，领导力受到影响。

我看了一下，以前每次危机，20世纪初"一战"开始，每次危机西方国家都纷纷求助于美国，美国也是可以扮演领导角色，第一次世界大战、当年的大萧条、第二次世界大战，甚至冷战，美国都扮演了领导角色。但是这次新型冠状病毒疫情，没有一个西方国家，包括它的盟友求助于美国。为什么大家批评美国那么多，因为对美国还是丧失了信心。

客观总结一下，这次新型冠状病毒疫情以来，中国在国际舞台上，得分都得在我们的行动上，失分都失分在我们的言论上。所以我就说得在行上，失在言上。得在行上，武汉，乃至整个国家的抗疫，在那么短的时间内能把疫情控制下来，我们是得分的。自己控制下来以后，我们开始向那么多个国家提供医疗卫生物资，我们是得分的。包括我们现在暂停一些发展中国家的债务，我们有能力这么做也是得分的。

但是我们在言行上是失分的。我甚至说我们从行动上赚来的那些得分都在我们嘴巴上消费掉了。所以这又要回到我们前面所讨论的，因为中国没有自己的话语权，没有自己的知识体系，所以我们的说话都是回应人家，人家一句话骂过来我们就骂回去。新型冠状病毒疫情的上半场战场是在中国，但是我们的新型冠状病毒疫情的话语议程是西方在设定，我们是在回应。回应的结果就落入人家的圈套，落实了人家话语的陷阱。我们为什么不能好好思考一下，确定我们自己新型冠状病毒疫情话语的议程呢？我们没有去做，我们急于回答。

凤凰网香港号陈笺： 您这个观点太精辟了。

郑永年： 我们完全可以设定，我们国内为什么成功，是因为中国式的人道主义。我们就是为了把老百姓的生命安全健康放在首位，所以我们不顾多么大的经济损失，我们就这么去做了，也做成功了。那么国际社会也是一样。

凤凰网香港号陈笺： 您的意思就是我们其实讲不好中国故事？我们讲出来的并不是我们做出来的中国，别人看到的我们口头上的中国并不是实际的中国？我们应该怎样改进？

郑永年： 对，我们把自己的故事讲坏了，你跟着人家的议程跑，人家骂你一句你就回答，回答得更凶，我早就说了新型冠状病毒疫情给世界带来的，就是世界范围内的最严重的人道主义问题。中国什么都不要说，救死扶伤就是一个人道关怀，我们哪有什么口罩外交，我们哪有什么影响力外交，我们哪有什么地缘政治外交。无论是美国也好，其他国家也好，不管富国穷国，北方南方，哪个地方有医疗卫生物资需要，我们搞人道主义外交就行了。

但是我们落入了美国、西方所设定的，早期是制度之争，后面就是所谓的影响力之争，结果我们什么都没得到。我们消耗了我们从行动上赚来的得分，我对这个事耿耿于怀。所以为什么我说知识的力量，培根说知识就是力量。我们没把我们自己的故事讲好，被别人牵着鼻子走，这是我们最大的问题。

希望我们新型冠状病毒疫情以后好好地反思。原创性的技术也是思考的结果，实践的结果，这个话语权也是思考实践的结果，而不是互相骂的结果。骂是骂不出话语权来的。声音大并不是说你有权，你就能力大。

凤凰网香港号陈笺：软实力也就是您提出的软基建都非常重要，要有知识，有思想，会反思，把握疫情带来的暂停键，我们赶快缺什么补什么。我相信在国际的版图上，世界离不开中国，中国也不能够脱离世界。谢谢您，郑教授。

十二、疫后世界将进入"有限全球化"

2020 年，一场新型冠状病毒疫情给世界带来巨大冲击，疫情已经持续了五个多月，但眼下来看，似乎仍未有停止的迹象。改变，已经不可避免。

这些改变，既存在于经济层面，也作用于政治层面，对主权国家社会以及国际社会，都将有所重塑。后疫情时代的世界，在很多方面将会以一种新的形式呈现在我们面前。

疫后的世界，人们尤其关心以下命题：经此一"疫"，世界政治格局将会产生怎样的变动？全球化是否还会继续，下一步走向如何？中美关系面临怎样的前景？对中国而言，这次疫情带来哪些"危"，又孕育着哪些"机"？

带着这些问题，我们采访了郑永年教授。郑永年成长于中国，求学于中美，就职于欧亚，他既有广阔的国际视野，也有对祖国的深切关怀，常有独到见解，是近年来国际上影响力最大的中国问题专家之一。

郑永年教授认为，这次疫情将深刻影响地缘政治；全球化不会停止，但将进入"有限全球化阶段"；中美关系更加复杂，但对中国也意味着诸多机会，关键看中国如何去把握。

疫情对世界政治经济的影响可能超出想象

《新京报》：郑教授您好，感谢您能接受我们的采访。现在新型冠状病毒疫情仍是全球舆论关注的重要话题。大家都知道疫情对世界格局的影响将不可避免，有人认为，世界会陷入地缘政治竞争，您如何看待这种观点？

郑永年：我觉得不管有没有疫情，地缘政治一直在变动，地缘政治从来不是一成不变的。实际上地缘政治的变动跟大国的兴衰有很大关系。譬如保罗·肯尼迪所说的"大国的兴衰"，包括"修昔底德陷阱"，它们都是地缘政治引起的。基辛格相信地缘政治。

那么，疫情对地缘政治当然也有影响，这种影响主要存在于三个方面：

首先是对大国本身有影响。这些大国，包括中国、美国以及欧洲诸强等。具体的逻辑关系是怎样的呢？与抗疫有关。

在这次抗疫中，有的国家抗疫比较成功，就能及时对疫情造成的冲击止损；而有些国家不太理想，比如美国，目前感染病例已超过213万，死亡超过11万，且疫情还在蔓延，现在又出现了抗议示威运动，对美国的社会经济冲击巨大，而这最终也会影响本国经济社会发展。所以就是说，疫情应对得好，国力就会变强大；反之，国力就会受波及。

其二，疫情对国家之间的关系会造成影响，这里的重点是中美关系。其实在疫情之前，地缘政治的影响就已经开始了，表现就是中美贸易摩擦。美国禁止高科技输出中国，也不允许中国的高科技进入美国，甚至不能进入美国同盟国，这是地缘政治的直接表现。而疫情加快了中美地缘政治的变动，比如最近美国禁止部分中国留学生和研究者入境，就是地缘政治影响的一个侧面。

地缘政治影响的体现，除了大国内部、国家之间，还有第三个层面，即国际组织层面。国际组织一直很重要，第二次世界大战以后，以联合国为核心的这套国际体系，在协调各个国家之间的利益纠纷、促进世界和平发展方面发挥了巨大作用。但现在，我们看到，国际组织在疫情期间影响力变弱，联合国能做的很少，WHO 也受限明显，难有有效决议与行动。

所以，我觉得这次疫情对地缘政治的影响是全方位的，而且可能超出我们的想象。

《新京报》：这次疫情，世界供应链、产业链受到巨大冲击，人们反复提及，经济全球化不可避免地受到影响，您如何理解这个问题？

郑永年：当我们说经济全球化，我们要了解全球化本身的形式与内容，它们在不同的历史阶段是不一样的。

其实没有一个统一的全球化概念。马克思在《共产党宣言》里就已经提到经济全球化了，那个时候的全球化主要是帝国主义、殖民主义。无论是马克思时代还是"一战"以前的全球化，我觉得全球化主要是区域性的，主要集中在西方国家。比如帝国的殖民地政策，也是一种全球化。

第二次世界大战后到 20 世纪 80 年代的全球化又是另外一种全球化。这个时期的全球化是基于主权经济体的全球化，其具体形式与特征是制造整产品。20 世纪 80 年代以前，我们所谓的美国制造、德国制造、英国制造、日本制造，说的都是整产品。

到第三个阶段，也就是从 20 世纪 80 年代到现在为止的全球化，又是另一种全球化。哈佛大学经济学教授达伊·罗德里克有个说法叫"超级全球化"，我自己把它称为无限度的全球化，就是不再以主权经济体为基础的全球化。从这个意义上讲，主权国家失去了它的经济主权。

这一波全球化使得产品形式再次发生变化，之前是整产品，而之后就是组装品。这一波全球化是新自由主义下的全球化，其目的是打造经济在全球范围内的分工，这正是组装品背后的真相。

这一波全球化，从经济学上来说打造了高效率的有效配置，但对个人、对社会、对国家产生了严重的冲击。个人财富在分化，社会中产阶层急剧缩小，社会群体遭到破坏，主权国家税收就业受到冲击。这是当前美国到处抗议的根源，也是特朗普白人民粹主义的根源。

《新京报》：那经过疫情，经济全球化将会是怎样的走向？

郑永年：我认为，疫情发生后，20 世纪 80 年代以来的"超级全球化"已经走不下去了。我的判断是，疫情之后全球化不会停止，但是全球化的形式、内容将会改变。

全球化本身是资本运作的产物，流动是资本的天然属性，资本必须去到能赚钱的地方，资本如人的血液，一旦流动停止，就会死掉。所以全球化不会停止。政治人物可以限制它，但消灭不了它，也阻挡不了它。但是，疫情之后，全球化将进入一种"有限全球化"，会强化主权政府的经济主权。

怎么强化？首先是产业链、供应链的重新布局。目前各国在做的是把涉及国家安全的东西牢牢掌控在自己手里。其次，要把跟老百姓生命安全有关的产业尽量放在国内。比如，这次疫情提醒大家最需要的是口罩、洗手液、防护服、呼吸机等。经过这次教训，主权国家会将这些产业放到自己的国家。

另外一个走向是分散风险，各国在世界范围内的产业布局不会太集中，尽量把产业链放在不同国家。这是经济理性，而不是出于政治考量。

"中美国"不复存在，但中美不会完全脱钩

《新京报》：众所周知，这次疫情让中美关系广受关注。2007 年，英

国历史学家尼尔·弗格森曾创造了一个新词——"中美国"，经过这次疫情，您觉得"中美国"这个概念还会成立吗？

郑永年："中美国"是一种现象描述，说的是美国跟中国之间的劳动分工，中国生产、储蓄，美国消费，它无非描述了中美之间经济上的高度依存关系。

但是，第一，这种关系并不平等；第二，因为不平等，所以不可持续。即使没有新型冠状病毒疫情，也是不可持续的。因为在这种所谓的"共生关系"中，中国出制造，美国出思想，美国永远掌握高附加值，而中国只有低附加值。从道义上讲，这种不平衡的关系迟早要被打破。

另外，"中美国"只是描述一个经济现象，并没有考虑到两个大国之间的安全关系。从特朗普上台以后，这种矛盾就暴露出来，贸易摩擦、外交攻势……所以从特朗普上台后，"中美国"这个概念就已经没有了。

《新京报》：那中美关系会往哪个方向走？

郑永年：应当承认，从贸易摩擦，到新型冠状病毒疫情，中美已经有了"新冷战"的端倪。一些人担心，美国是不是在去中国化，与中国脱钩？

我认为，只要美国还是资本主义，只要资本还要流动，只要中国继续改革开放，这两个经济体不可能完全脱钩，但它们之间的相互依存度会降低，不可能像"中美国"那么紧密了。两个体系、两个市场已经形成：一个以美国为中心的体系，一个以中国为中心的体系；一个以美国为中心的市场，一个以中国为中心的市场。但两个体系不会完全脱离。

必须清醒地认识到，美国不是一块铁板，美国搞脱钩也好，呼吁对中国施行强硬政策也好，主要是美国的行政当局在做。但这不能代表其他群体的声音。

华尔街给中国施压，不是为了孤立中国，而是为了挣更多的钱。从资本主义的发展历史来看，资本会战胜行政力量。美国从 19 世纪末 20 世纪初提出门户开放政策以后，从来没有放弃过一块可以赚钱的地方。资本是最理性的，中国市场这么大，美国不可能放弃。

主权大国在国际组织中的角色转变

《新京报》：这一次，我们几乎没有看到有效的国际合作，美国作为超级大国没有发挥领导者地位，欧盟各自为战，世卫组织、联合国等国际机构也没有展示出足够的凝聚力，您如何看待这种"尴尬"？

郑永年：这就要回到您的第一个问题了：地缘政治变化了，疫情影响了各个国家内部的发展，影响了各个国家之间的关系，也影响了国际组织。

国际组织之所以没能发挥有效作用，还是因为主权国家内部的问题。美国如果内部治理得好，没有出现今天这样的民粹主义，它会继续扮演国际领导者的角色。

但是这一次，疫情之后，第一次没有人向美国求助。美国从"一战"进入世界体系，"二战"开始领导世界，每一次都扮演着"老大"角色，但现在不是了。

但同时，欧洲又不是那么团结，因为英国脱欧，力不从心。德国虽然国力强大，但它只是担负起一个区域责任，目前还没有在全球范围内担当责任的能力。

所以目前的情况是：美国衰落了，但其他国家还没有那么强大，国际关系只能维持一个微妙格局。

而国际组织只是一个虚体，国际组织背后是主权国家。主权国家有了分歧，无法达成共识，就不能合作。联合国如此，世卫组织如此，世贸组织也是如此。归根结底，这也是地缘政治的影响。

中国需保持原创能力与开放心态

《新京报》：这次疫情给包括中国在内的很多国家带来了一个非常大的冲击，但它是否也孕育着一些机会？对中国而言，有哪些机会？

郑永年：机会肯定有，主要分两个层面。

首先是国内产业链与技术升级。前面说"有限全球化"也好，产业转移调整也好，对中国首先是个挑战。

因为中国虽然是工业部门最齐全的一个国家，什么都能生产，而且生产量很大，但产业链偏低端，附加值低，原创性的东西太少。在这种压力之下，就要求我们加大科研创新，加快关键技术研发，这样的话，如果未来一旦世界先进产业链退出的话，中国的企业马上可以占领。

每个世界强国都是靠自力更生起来的。英国通过工业革命，美国通过重商主义，日本、韩国通过迅速消化西方技术，然后再转化为自我创新；德国以前比英国落后多了，但通过创新，也成为世界强国。

所谓原创，就是大国重器，不是说一定要大，而是要有创新性、独特性。比如说汽车制造业，中国是最大的汽车消费国，但中国没有掌握汽车核心技术，别人不提供核心技术，你就没法打造成熟的汽车工业。

这次美国针对华为的技术限制同样也是这个道理。所以我说，"原创、原创、原创"，重要的事情说三遍。中国数量型经济发展阶段已经过去了，未来要发展质量型经济，质量型经济的基础就是原创。

其次，疫情对中国与各国的关系也是个机会。国家关系很多时候不以我们的主观意志为转移，中国无意跟哪个国家冷战，更无意于热战，要达成这个目的，中国就要寻求国际关系调整。目前，美国要搞新 G7，但中国跟意大利、德国关系也不错，所以只要我们做得好，就可以重塑国家间的关系。现在，再也没有美苏冷战时期的东西方了。

同时，虽然美国领导力下降，但我们也不要轻视美国。这次新型冠状病毒疫情以及当下的抗议示威活动，对美国的伤害当然很大，但动摇不了美国的国本。

客观来看，美国每一次危机，它的领导力都会受到影响，但危机之后，美国的硬实力其实都有上升之势。不妨观察一下，美国的金融制度、很多尖端技术，都还没有一个替代品出现，对此，我们要有足够理性的认识。

所以美国现在的问题主要是政治问题，20 世纪 60 年代是政治问题，90 年代是政治问题，现在同样是政治问题。我们要头脑冷静，立场客观。尤其是不要民粹主义，要始终保持开放的态度看待美国，这才是大国心态。保持这种心态，中国就能打造一个更大的开放格局，国力变得更强大。

十三、中美如何避免陷入"修昔底德陷阱"

后疫情时代，中美关系与世界秩序会发生什么演变？在凤凰网"与世界对话"云论坛上，郑永年教授就中美如何避免陷入"修昔底德陷阱"，面对欧美种族歧视，6000万海外华人如何自处，疫情之下全球化这条路是否还能走得下去等热点问题发表了精彩、独到的见解。

郑永年说："是冷战也好，热战也好，像我们所说的一个巴掌拍不响。国家之间的冲突总是两方面的事情，我自己觉得这种陷入'修昔底德陷阱'的可能性，现实性是存在的，可能性是越来越大。"

郑永年认为，中国的高层领导人其实非常清醒，知道中国的主题在哪里，中国的格局在哪里，我们还是要跟西方搞好关系。

中国从来没有主动挑衅过美国，中国不想跟美国打冷战，更不想跟美国发生热战，但这不是投降主义。

中国还是有更好的选择的，我相信中国有能力回避"修昔底德陷阱"。

以下是与郑永年教授的对话实录节选：

凤凰网"与世界对话"：一场新型冠状病毒疫情之后，本来已经紧张的中美两大最重要的经济体之间的贸易摩擦也是雪上加霜。是不是现在就像您说的一样，虽然很不愿意看到，但已经在步入"修昔底德陷阱"？那么症结到底在哪里，有没有方法避免掉进去呢？

郑永年：这个问题是比较复杂的。我们做社会科学的只能看历史经验。预测未来总是有它的风险，但是从历史经验中可以学到很多东西，"修昔底德陷阱"是哈佛大学一组研究人员提出来的。

确实是有这样的一个历史经验，指的是从 1500 年以后，新老大国之间的权力交替一共有 16 次，其中 12 次发生了战争，其中 4 次是比较和平的。即使是比较和平的，也是非常复杂的一个过程。

像苏联的解体，像在日本的问题上。尽管我们不喜欢战争，历史上那么多的战争还是发生了。所以我们还是要客观地来看问题。

现在轮到中美关系，"修昔底德陷阱"又被提出来了，我想提出来是表明人们对中美冲突还是有一定的客观的估计，说不定会重复历史上已经发生过的事情。

这实际上从新型冠状病毒疫情之前已经开始了，从中美贸易摩擦开始，甚至是中美贸易摩擦之前，中美之间往冲突的方向走的预兆是早就有了的。在小布什政府的时候，美国的新保守主义崛起，新保守主义有一套针对中国的完整策略。

后来发生"9·11"恐怖事件，美国的战略重心转向了反恐。反恐战争那么多年下来，大家已经看清楚了，反恐战争是美国主权国家对于一个非主权的近乎于社会组织的一场战争，这场战争是没法打的。

反恐战争大家看越打它越乱是吧？美国人也是已经早就有一个结论，恐怖主义的存在是个常态，它并不是说你喜欢不喜欢的问题，只能是去对付它，但不可能完全把恐怖主义在全世界范围内消灭。

所以慢慢的美国强硬派就起来说美国的主要敌人并不是恐怖主义，而是另外一个主权国家。像美国背后的那些既得利益者，尤其是军方强硬派，他们也在追求这方面。

以前冷战的时候他们的敌人是苏联，冷战以后这个敌人是谁呢？如果我们从历史的角落看，美国的新保守主义已经开始，已经在规划跟中国，所谓的要把中美关系带入"修昔底德陷阱"这个方向。

特朗普政府上台以后就表现得更清楚，这主要表现在两个方面——特朗普他本人跟他的政府。我是觉得两个层面是不太一样的。特朗普本人有商人的背景，他主要是看美国与国际的经济面。

他的口号——美国重新伟大，主要还是指经济方面的东西。他对军事或者自由派的民主这些东西并不感兴趣。

新型冠状病毒疫情出现，特朗普就往强硬派方向靠。美国的强硬派，或者说以前美苏冷战时期，美国人所说的军工系统，他们一早就要规划跟中国的战略。

实际上美国前几年已经把中国跟俄罗斯视为它的主要战略竞争者和主要的敌人，新型冠状病毒疫情只是加速了它往这个方向走。

但是对于新型冠状病毒疫情，特朗普也有自己的考量，因为特朗普有政治的考量、有选举的考量，所以我们可以看得到这段时间特朗普政府要把这个责任推给中国，使得特朗普的政治考量刚好跟他的强硬派是同一条战线。

我个人认为特朗普前面几年跟强硬派还不是一样的路线，对中国还是有不同的考量。但现在特朗普本人跟强硬派在中国的考量越来越趋向重合，这是我们要特别注意的。

也是因为这方面，你刚才说会不会陷入"修昔底德陷阱"，中国如何去避免"修昔底德陷阱"，我个人认为是冷战也好，热战也好，像我们所说的一个巴掌拍不响。

国家之间的冲突总是两方面的事情，我自己觉得这种陷入"修昔底德陷阱"的可能性、现实性是存在的，可能性是越来越大。

同时如果我们做理性的思考，中国实际上也是有很大的能力来避免陷入陷阱。但是我自己有点悲观，我们看到这段时间，中美贸易摩擦的时候，领导层头脑非常清醒，也是有大的格局的，不管怎么样要跟美国谈判。

所以经过中美双边的努力，尤其是双边领导人的努力，达到了第一个阶段的协议，这是来之不易的。我想第一个阶段的协议不仅有利于中美两国，也是有利于整个世界，所以第一阶段的协议谈成以后，整个世界是欢迎的。

没想到新型冠状病毒疫情一来就变了。随着新型冠状病毒疫情的到来，美国方面总打中国牌。因为美国行政当局对付疫情不利。在国内也是受到了巨大的压力，所以总做中国的文章，要把责任推给中国，这是有政治原因的。

那么我们这边，至少从官员这个层面，好像我们在外交政策上是全面出击。

当然我们也考虑到中国这几年民族主义情绪非常高涨，如果比较一下今天中国的民族主义情绪和 20 世纪 80 年代的民族主义情绪，是不太一样的。

80 年代开始改革开放以后，民族主义情绪是一直存在的，那个时候我们中国人包括我们这一代都是觉得中国是落后、封闭的，所以要向外在世界学习。

平常老一代人带着百年耻辱的心结，这个心结也是客观的，也是不可避免的，用得好也是非常正面的，但是大家都知道中国要急起直追，向西方学习，向好的学习。

但是现在的新一代的民族主义我是觉得有点不太一样，因为他们是在改革开放以后成长起来的，国家富强了、富裕了，所以他们对国家的崛起有一种自觉的骄傲。

我是觉得这种骄傲感、爱国主义也是很正常的，我们所说的有强烈的国家认同感、有团结感，是非常好的。

还有一方面，正因为民族主义，老一代的民族主义跟年轻一代的民族主义，背后还有一个我把它称之为"商业民族主义"。

这几年大家看看互联网，也就是社交媒体，我们出现越来越多的好像推动民族主义、爱国主义就可以盈利，流量就会增加了，所以这种主义大规模的出现，这一部分我们也要加进去考量。

所以在外界看来，中国民族主义是很危险的。因为生活在中国，大家没有感觉到。但是如果是生活在国外，比如我经常跟西方朋友聊天。中国民族主义实际上没那么强烈，但是他们所看到的社交媒体或者甚至有一些官方媒体的民族主义很强烈，他们感觉到有点害怕。

这方面我个人感觉到中国政府有管控民族主义的能力，但是这东西就可能没有管控好，再加上一些官僚层面，他们考虑到民意了，他们在说话方面就符合去迎合这种民族主义的声调，那么这样一来使得大家感觉到就是说你不仅对美国，这对欧洲国家对其他小国也一样，显得那么民族主义。

中国是第二大经济体，是非常强大的国家。针对美国，大家觉得两个大国之间在争吵还是可以理解。但要针对小国，人家小国骂你一句，你马上就骂回去，大家就感觉到有点恐惧。这种情况在拉美、东南亚国家也是有的。所以你看中国的高层领导人其实非常清醒，他知道中国的主题在哪里，中国的格局在哪里，我们还是要跟西方搞好关系。中国从来没有主动挑衅过美国，中国不想跟美国打冷战，更不想跟美国发生热战，但这不是说投降主义。

有些民族主义比较强烈的人，稍微有点妥协，他就说你是不是投降主义，说你不爱国，甚至卖国。政治就是要讲妥协，对不对？这不是投降。

我是觉得中国还是有更好的选择的，我一定相信中国有能力去回避"修昔底德陷阱"，去避免陷入陷阱。

凤凰网"与世界对话"：现在国际社会确实对中国有很多的偏见和误解，尤其是我们6000万的海外华人，可能正在遭遇很多不公平的对待，这个问题您怎么看？

郑永年：我觉得种族主义问题不仅仅表现在华人身上。

我们要这么看，比如美国现在黑人身份争取了多少年了？黑人给美国社会也是作出了很大的贡献，从早期贩卖奴隶开始到现在作出了多少贡献？黑人今天在美国社会得到了什么样的地位？

所以美国的、西方的种族主义，这里也说几句。这个是根深蒂固于他们的文化传统。我一直在研究种族主义怎么来的，白人优越论怎么来的，以及近代的社会达尔文主义。这个社会达尔文主义到最后也变成白人种族优越论。

在德国以及第二次世界大战时期德国希特勒为什么有反犹太主义呢？他们就是相信日耳曼民族世界上最优越的，犹太民族是劣等的，所以就是要大屠杀。

华人也是一样，19世纪华工到美国去，开始进入美国社会，帮助美国修铁路，要是那个时候你去看看历史资料，白人就很奇怪，就认为有些东西、病毒就是跟华人有关系的。

当时还有黄祸论，到现在为止还有。只要白人的种族优越主义不去，这个随时都会爆发出来，它不仅仅会爆发在华人身上，也会爆发在黑人身上，也会爆发在所有民族身上，他们对西班牙裔的人也是这么看待的，只是层次不同而已。

那么如何解决？我想这个不仅仅是一个西方的问题，也是一个华人的问题，自己本身的问题。

所以西方方面说，美国实际上从20世纪60年代以后，就确立了所谓的"政治正确"这样一个东西，就是种族问题大家不要去谈，不允许的。

也并不是说种族问题不存在，你不去说但并不是不存在，黑人问题也是一样。存在的东西肯定会爆发出来的。这还是一个社会的公平的问题，还是个阶级的问题，一个阶层的问题。

凤凰网"与世界对话"：那您觉得海外华人应该如何自处？

郑永年：大家现在使劲地要用身份政治来解决这个问题，能解决吗？我个人认为身份政治、认同政治会使得问题越来越糟糕，华人也是一样，你一定要强调华人的身份，一定要强调我跟你不同，我是觉得反而解决不了问题。

以前周恩来总理针对东南亚华侨的政策，我觉得是正确的。作为华人，文化认同没问题，但是在政治上要积极融入当地社会，去参与当地社会。

因为政治权力很重要，通过参与政治来改变地位，通过努力工作来改变地位。这是一个阶级阶层的问题，如果是想用身份这个东西来解决是解决不了。

当然，身份政治运动政治具有很大的吸引力，也很简单，因为看看你的皮肤就行了，看看你的认同样子。

但问题是这个身份政治是无限不可分的。我觉得很感叹，以前传统上只有男人、女人两个类型，现在的性别取向有多少了？LGBTQ，有无限的可能。

实际上，身份政治也是这样，你去看看这个身份政治，台湾跟大陆、香港跟内地，本来就是同一个民族，台湾为什么还要搞自己的民族主义？本省人外省人，那里面还可以细分呢？福建人、浙江人、广东人，香港更是这样的，为什么还要去搞身份政治，要跟中国内地区分开来？

这就是非常狭隘的一种政治意识形态，左右了人们的思维的结果，到最后肯定是恶性的结果，得不到任何积极的成果。

凤凰网"与世界对话"：现在疫情也好，或者在疫情之前都有一种逆全球化的思潮开始体现，您觉得全球化这条路还能走得下去吗？

郑永年：全球化肯定会有的，但是全球化的形式是不一样的。所以我自己最近提出来一个"有限全球化"的概念，为什么说"有限全球化"呢？我是觉得从20世纪80年代以后是无限的全球化，哈佛大学教授罗德里克所说的超级全球化，我觉得已经是造成了一种叫乌托邦主义的全球化，这种全球化是走不下去的。

那么这种全球化它的精神在哪里？市场全球化讲的是生产资源，在全球范围内的劳动分工，在全球范围内资源的完全自由的配置，那这个能不能成呢？在一定程度上，20世纪80年代以后，全球化成了，那时就达到我们现在的结果了。

我刚才举的例子，英美等发达国家是经济上最发达的，但这次新型冠状病毒疫情他们损失最惨重，为什么呢？这就是全球化的结果，他们完全不管老百姓的生命，以利润为导向，把很多跟老百姓的生命攸关的医疗物资生产都转到其他发展中国家了。

所以就算经济最发达也治不了老百姓的病，救不了老百姓的命。在中美贸易摩擦的情况下，美国已经开始把他认为对美国国家安全有关系的那些技术生产放到美国自己本地上去。所以我觉得这次新型冠状病毒疫情以后，它的生产线供应链会调整，也必须调整。

问题是这种全球化，20世纪80年代以后的超级全球化，我把它称之为乌托邦主义的全球化，是走不下去了。为什么？我们比较一下，对中国来说，中国是80年代以后全球化获利最大的国家，但我不认为。

美国才是（获利）最大的国家，为什么？你看看从马克思提到全球化，到80年代以前，全球化都是有限的全球化。80年代以前的全球化，都是基于主权经济体制上的全球化，是资本的流动，商品的流动，也有人才的有限的流动。

80年代以后的全球化是以里根—撒切尔革命为先导的全球化，是私有化导向的全球化。80年代的以后的全球化，摧毁了主权国家的经济主权。现在没有一个国家可以说有经济主权，美国有吗？西方老是说中国是国家资本主义，中国中央政府有多少的经济主权？也是很有限的。

还有一点非常明确，80年代以后，说中国成为世界制造工厂，但是这个说法已经不科学了，我们最多只能说我们是世界组装工厂，80年代以前我们说德国制造、日本制造、美国制造的时候，他们生产的都是整装产品。

你看80年代日本制造的产品多好，以后就不一样了。日本制造的很多零件可能是几十个国家制造的，在中国组装出口到西方去。中国虽然通过全球化获利很多，却不仅牺牲了劳动力、土地，也牺牲了我们的环保，但是我们组装的东西有多少？很惨，很少。

华为是我们中国最好的IT产业，但是华为百分之三四十的技术还要依赖进口。所以80年代的全球化产生了一帮乌托邦主义，认为我们自己不用生产，我们就从世界市场采购，因为它假定已经是世界市场存在的，但是世界市场实际上其实是不存在的。

我是学国际政治的，目前没有经济学家把政治因素考虑进去。所以我说世界市场存在，那是你的运气，不存在是常态，你看现在就变成常态了，这是常态化的。

你看现在美国搞产品管限，连台积电都不供应、不生产芯片给华为，华为的危机就来了。所以你要去看看中国这个全球化获得了什么，牺牲了什么？大家一分析就要回归基本事实，不要意识形态化，就知道我们在什么程度。

所以我们的工信部长前段时间说得很好，制造业方面，美国还是第一梯队，日本、欧洲第二梯队，我们是第三第四梯队，为什么？因为我们老是给人家加工，所以我就说全球化肯定会存在下去，但是中国要改变全球化形势了。

尽管80年代以后的全球化，中国获利不少，但这样的全球化你要意识到，再也不能继续下去了。我们要改变全球化方式，美国正在改变，欧洲正在改变，中国也不例外。

凤凰网"与世界对话"：您之前说到有限的全球化是我们中国企业的契机，这个契机是不是也是转型升级的一个契机，从购买、采购或者组装到自主发明这样的一个演变？

郑永年：前两天桥水基金老总在中国说，以后世界会走向自给自足，但我不相信，我不认为世界会走向自给自足，除非说美国不是资本主义了、中国不改革开放了。只要美国、欧洲还是资本主义，中国还是开放的，这句话不会存在的。

我一直主张中国需要更多的整装产品，而不是组装产品。从组装向整装转型，但是要整装的话就要把很多我们的短板补起来。

不是说中国人不会做，我们的观念里面觉得我们总可以从世界市场上获得，所以我们不用去做了，这是我们最大的毛病。在这样的观念支配下，我们不去做，导致了我们没有能力。

我们现在有这么大的汽车市场，我们有自己的整装汽车吗？你哪怕是国产化率达到了95%，主要有5%的核心的技术掌握在其他国家手里面，也还是算一个短板。缺了5%，汽车还是自己造不了，大飞机也一样，所有方方面面都一样。

中国市场很大，如果从中产阶级这个人数规模计算的话，尽管我们的比例还比美国小，美国50%左右，中国30%左右，但是我们的人口多。我们已经是改善，甚至超过美国了。

因为技术的投入要有市场，没有市场，像新加坡就很麻烦。技术投入很大，但如果没有市场的话成本捞不回来。

中国那么大的市场有投入肯定是有回报的，会有丰厚的回报。所以我们原创性的技术，也就是习近平主席一直强调的大国重器。没有这些原创性的技术，就没有大国重器，就会变成依附性的经济，就像拉美那样。

所以我们要避免我们的技术拉美化，我们现在面临着危机，但同时也是机会，改进短板的机会。你看中国有多少的科学家在美国、西方工作，美国、西方很多东西是中国的科学家创造出来的，那么我们为什么自己不能做呢？这就是我们要补上的。一个组装大国永远成不了所谓的强国，原创性技术的大国才是强国。

我们只是虚胖，我们人数多，但是很虚的，肌肉不够的。所以我们下面就是要练肌肉。

十四、千万别跟着美国搞这套东西，否则就会掉陷阱里

[侠客岛按]

最近，美方对中国的"打压"政策层出不穷，措辞越来越出格。

就在 2020 年 7 月 15 日，美国国务卿蓬佩奥称，中国是"帝国主义"。之前，美国施压多国，"要么禁用华为，要么别跟我做生意"；美国签署《香港自治法案》并向中国台湾军售，招致中国对美军工企业制裁；另外，《纽约时报》引用消息人士称，美国正在考虑禁止中共党员及其家属的旅行签证，引发舆论一片哗然。

这些层出不穷的"筹码"，让人想起贸易谈判中经常提到的词：极限施压。如何看待美国新一轮对华"极限施压"？我们与郑永年教授进行了一番对谈。

侠客岛：美国最新的对华举措涵盖面非常广，有的涉及军事、区域性地缘政治，有的跟科技、人员往来有关。如何看待美国的"极限施压"？

郑永年：归结起来一句话——全方位打压，只有你想不到，没有他做不出。美国为什么要这样做？我认为这与方法论有关。

首先，美国政治人物有选举的需要，两党都在比谁对中国"更狠"；其次，美国最近的民调显示，美国社会对中国的整体看法偏负面，政治人物认为打压中国可以"得分"；再有，保守派长期将中国视作敌人，以往遏制、围堵，如今直接打压。

换个角度也可以观察。彭博社的报道显示，白宫方面透露不想把对华关系搞得太坏，因为对其没好处。一方面要施压，这在美国国内"得分"；但若冲突起来，对美国不见得有利。

与中国冲突跟与其他国家冲突不一样，对美国而言不是小事。美国强硬派是否有与中国一战的决心？这是利益导向的问题，包括本届政府的利益、保守派既得利益、军工集团的强硬利益。

怎么在对华施压的同时保持美中关系不全面恶化？这个分寸很难掌握。

我个人认为美国的系列政策是"大杂烩"，抓住什么就做什么，甚至有时自相矛盾。这些政策是随机的、机会主义的围堵，不像以前美国的保守主义对中国有比较综合的政策包。

这一大堆措施，有的是对中国的回应，有的是对恐惧的回应，还有的是对未来的回应。

可是具体怎么实行呢？毕竟，政策语言、政策制定、政策施行是三件事。拿针对中共党员的旅行签证为例，难道美国要跟中共完全断交吗？这不现实。

由此可见，现在的美国不是"常态美国"。

总体而言，资本主义世界要把中国融入进去。以前中国闭关锁国，英国坚船利炮叩开大门，美国也跑过来搞"门户开放"。今天，中国中等收入群体规模几乎等同于美国人口规模，这么大一块"唐僧肉"，资本家能不管不顾地抛弃？这不符合资本主义逻辑。

侠客岛：您提到"对恐惧的回应"，这让我想到一个词。英国首相约翰逊谈及华为时说："我们不是在讨论恐华症……因为我不恐华。""恐华症"，西方这么高级别的政治人物都在用这个词，是不是说明西方世界对中国有这样一股恐惧思潮？

郑永年：是的，西方尤其是美国，"逢中必反"是政治正确，这就是认同政治。蓬佩奥说希望盟友选边站，说这是在"自由和非自由""民主和专制"之间作选择——这不就是宗教吗？这是恐惧的体现。

这很可悲。一个国家的外交政策，居然要建立在某些人的仇恨基础之上，这不符合国家利益。

在美国，布热津斯基、基辛格等大格局的外交家已经淡出外交舞台。蓬佩奥这样的人，既没有国际观，也不了解中国，一味仇中仇共，奉行这样的外交政策真的能维护美国国家利益？国际关系理论提倡现实主义——从利益出发、不受意识形态影响。现在倒好，退回去了。

外交是内政的延续。美国内部的种族斗争、保守派和自由派的斗争延续到外交上，就是认同政治。

这一招有狠毒之处：搞认同政治，就是在国际上搞"统一战线"。"要么跟我站在一起，要么是我的敌人，没有中间地带。"

前段时间，新加坡总理李显龙在《外交事务》上发文，很多人的观感是：因为中美关系的恶化，不少国家感到有压力，要作选择了，因为他们觉得中美两国似乎已在意识形态、话语、认同政治上"开战"了。

认同政治使世界变得两极化，这对中国十分不利。在蓬佩奥的叙事里，美国代表"民主"这一极，中国代表另一极，这是美国搞"广泛统一战线"的有效手段。我们要特别清醒，千万不要跟着美国搞认同政治这一套，否则就掉到陷阱里去了。

侠客岛：怎么才能不掉入这个陷阱？

郑永年："稳住阵脚、冷静观察、沉着应对"，现在需要"冷静观察"。

美国搞两极化，我们是搞多极化。西方是"铁板一块"吗？不是的。在香港和华为的问题上，英国跟美国跟得很紧，但是德、法不一样，不是所有西方国家都搞认同政治。

侠客岛：是的，我们注意到德国最近的表现。德国经济部长说，"我不是世界的道德导师……跟很多有贸易关系的国家对人权的理解都不同"；德国国防部长说，面对中国时"强硬的态度只是让自我感觉良好罢了"。

郑永年：不妨借鉴前人智慧。当年，毛泽东说三个世界。第一世界是谁？美国和苏联，两国意识形态完全不同，但中国不选择其中任何一个，而是广泛团结第二世界、第三世界国家，这些国家的意识形态也千差万别。

不要跟着美国的思路跑，别被他们牵着鼻子走。对方一出招就打回去骂回去固然很爽，但有什么实际好处呢？

多极化的国际格局对中国有利，因为中国不想称霸，不想做另一个美国，只想要更加公平、平衡的国际秩序。两极化是美国的诉求，他们搞霸权，就要塑造敌人。

侠客岛：还有很多人担心科技、人员往来上的"技术冷战"。之前美国出台了针对留学生、科技人员的签证限制政策，有人说如果整个西方世界都对我们重新进行技术封锁，该怎么办？

郑永年：短期肯定会受影响。但是，美国是否还有能力组建美苏冷战时期的西方阵营？恐怕很难。

只要西方还秉持资本主义逻辑，就不会放弃中国市场。德、意、法、日……所有西方国家都听美国的话吗？中国这么大的市场，谁会放弃呢？

我们要看到西方国家之间的差异，并非所有国家都跟着美国搞那一套。只要中国是开放的，不跟着美国搞认同政治或对西方国家"差别对待"，美国就不可能再组建当年的西方。

比如现在，在反华议题上跳得最厉害的英美，恰恰是疫情控制最糟糕的；控制相对较好的，反而是欧盟、东盟的这些国家。

现在谁去英美做生意呢？中国要利用这个时机做自己的事，把经济恢复起来，不要把注意力都放在美国身上。要基于控制疫情的经验，抢占后疫情时代的市场先机。

又如，以前香港没有国安法，安全成问题，有分裂势力和社会暴力。现在香港国安法通过，安顿好之后就可以自主地考虑发展战略和思路了。如果香港安顿下来，大湾区就能抓紧往前推进。

英美在某种程度上可以成为我们的反面教材。美国政府中不乏非理性民族主义者，但别忘了，民族主义也要追求国家利益。

近代以来，无论英国的大炮政策还是美国的门户开放政策，都要千方百计打开东方大门。但是，民族主义搞过头了就会自我封闭，以为自己就是世界，对外部世界失去客观认识。

对中国来说，美国和西方不是敌人，中国也不会抛弃世界。

侠客岛：第二季度经济数据显示，中国经济增长已由负转正，西方媒体称赞这是严峻世界形势中的一抹亮色。我们总说做好自己的事，这句话放在当下很应景。

郑永年：当然。中国的重点是国内发展。高质量经济怎么发展？制造大国如何变成技术大国？中国的潜力还很大。

现在英美疫情最严重，大家都要恢复经济，要生活。中国的疫情防控和复工复产复商渐趋稳定，这是亮点，如果政策更灵活、更有针对性，还会有许多商机可以把握。

聚焦当下，中国对国际形势必须有足够的现实主义视角，别掺杂不必要的幻想。

20 世纪八九十年代，只要有"国际市场"，什么都可以买到。现在呢？地缘政治一来，理想的国际市场不复存在，别人不卖你怎么买？所以，要做强技术和原创力量，但又不能封闭起来。

美国强大就是因为开放。美国的顶尖技术人才大部分都是亚洲人、东欧人。所以你看，美国一限制留学生，哈佛、耶鲁、麻省理工那些大学立马反对，他们知道利害关系。

这方面可以向日本的"自信"学习：一方面对西方开放，另一方面又非常"日本"。亚洲一些国家亲美亲英，亲这个亲那个，把自己的主体性都丢掉了。

日本当年培养干部，必须是东京大学毕业，从国外回来没用，他们还是看重东大这张文凭。在日本，拿诺贝尔奖的都是日本土生土长的；而美国呢？很多都是移民。所以，开放和文化自信并不矛盾。

现在真到了需要谋划长远国际战略的时候。短期来看，到美国政局重新稳定还有一段时间，需要做好"危机管理"。不必把选举语言当成长期政策，因为这是非理性的；等他们重新稳定并回归理性的民族主义，这时才更有可预测性。

几乎所有国家都在为"后疫情时代的国际秩序"做策略规划，等待机会给自己争取利益。每个国家有自己的算盘，整体的"西方"已经不存在了，我们必须看清这一点。

十五、对待美国全方位打压，要有大国心态

作为全球最重要的双边政治，中美关系驶入乱流层，正遭受极大考验。

美国东部时间 2020 年 7 月 21 日，美国悍然要求中方关闭驻休斯敦总领事馆，并于 7 月 24 日前撤离，理由是"保护美国的知识产权和私人信息"。

7 月 24 日中午，中国宣布关闭美国驻成都总领事馆，对等反制美国此前要求关停中国驻休斯敦总领事馆的行为。

从最初的贸易摩擦延伸至在商务、技术层面的对抗，直到当下两国在意识形态领域争斗的急遽升温，中美矛盾层层升级，波及范围远远超出两国。

美国升级冲突的内在逻辑是什么？全球政治格局将会发生何种改变？中国应该如何应对矛盾升级？华南理工大学公共政策研究院学术委员会主席郑永年接受了《时代周报》记者的专访。

"只有你想不到，没有他做不到"

《时代周报》：美国近日下令关闭中国驻休斯敦总领事馆，这一行为意味着什么？

郑永年：现在的中美关系，和 20 世纪八九十年代相比，已经发生了根本性的变化，甚至和 2000 年后的中美关系都有了很大的不同。如果依

然套用那时候的行为模板来推测，肯定没有办法领会美国的真正意图。

从现在美国对中国的施压来看，总结起来就是一句话：只有你想不到，没有他做不到。具体到关停中国驻休斯敦总领事馆这件事情，我认为在当下升级的背景下，并不特别值得惊讶。事实上，在 2017 年和 2018 年，美国分别关停过俄罗斯驻旧金山领事馆以及驻西雅图领事馆。同时，这件事对美国而言是可控的。特朗普政府甚至都能够预测到，中国政府大概率将会关闭美国驻中国的某家总领事馆。刻意制造这些可控的冲突，是美国目前的政治手段。这就回到我刚才说的那句话，只有你想不到，没有他做不到。

《时代周报》：美国国务卿蓬佩奥日前再次要求欧洲国家选边站，中国应如何避免被牵着鼻子走？

郑永年：美国率领着西方世界来和中国斗争，搞"认同政治"，对于美国而言，这是最好的选择，但对于中国而言，这是最糟糕的局面。

现在，美国要求欧洲国家站队，但国际关系理论提倡的是现实主义：从利益出发、不受意识形态影响——这和目前美国推行的"认同政治"是截然相反的。

"认同政治"的发展趋势，已经让很多国家感到担忧。前段时间，新加坡总理李显龙在《外交事务》上发文，就对中美的紧张关系表示高度的关切。今天很多人的观感是：因为中美关系的恶化，不少国家感到有压力，最终可能要作选择了。

"认同政治"对中国十分不利。在蓬佩奥的叙事里，美国代表"民主"方，中国代表另一方。在这样的情况下，中国政府更要特别清醒，千万不要跟着美国搞"认同政治"这一套，否则就掉到陷阱里去了。

两个经济体不可能完全脱钩

《时代周报》：从过去用"坚船利炮"迫使中国融入世界市场，到现在利用各种手段对华施压，美国对中国市场的态度发生了什么改变？

郑永年：以美国为首的资本主义世界希望中国融入世界市场，更多考量的是经济利益；而打压中国，更多则是从关注国家安全利益出发。资本主义国家对于中国态度的变化，更多是他们关注的焦点发生了变化。当国家安全利益被视为受到威胁的时候，经济利益只能让路了。

当然，这并不意味着中美会完全脱钩。相反，只要美国还是资本主义，只要资本还要流动，只要中国继续改革开放，这两个经济体不可能完全脱钩，变得毫无关系。不过，它们之间的相互依存度会降低，不可能像以前那么紧密了。

两个体系、两个市场已经趋于形成：一个以美国为中心的体系，另一个以中国为中心的体系；一个以美国为中心的市场，另一个以中国为中心的市场，但两个体系不会完全脱离。

很显然，这种趋势对中国并不利。这就要求我们必须清醒地认识到，美国不是铁板一块，美国搞脱钩也好，呼吁对中国施行强硬政策也好，主要是美国行政当局、强硬派、反华派在做，这不能代表其他一些群体的声音。

现在主张美国继续贸易摩擦的，主要是白宫而不是华尔街。虽然美国现在企业界支持特朗普继续贸易摩擦的也不少，但思维是不一样的。这些既得利益者的目标是要迫使中国更加开放，而不是让中国更加封闭，但白宫冷战派则希望中国重新封闭起来。

从资本主义的发展历史来看，资本最终会战胜行政力量。美国从19

世纪末至 20 世纪初提出门户开放政策以后，从来没有放弃过一块可以赚钱的地方。资本是最理性的，中国市场这么大，美国资本不可能完全放弃。

《时代周报》：除了贸易依存度，国内还有很多人担心科技、人员往来上的"技术冷战"。面对技术封锁，我们该怎么办？

郑永年：应当说，美国对中国的技术封锁已经开始，从短期来看，"技术冷战"的确会造成一定负面影响。

中国虽然是工业部门最齐全的一个国家，什么都能生产，而且生产量很大，但产业链偏低端，附加值低、原创性的东西太少。

对于"技术冷战"，我认为应从两方面着手：一方面是加大技术的研发投入。每个世界强国都是靠自力更生起来的。英国通过工业革命，美国通过重商主义，日本、韩国通过迅速消化西方技术，再转化为自我创新；德国以前比英国落后多了，但通过创新，也成为世界强国。

另一方面是要依靠市场的力量。这个是吸取苏联教训得出的结论，冷战期间，苏联的军事技术非常先进，甚至有一段时间压过美国，但这些技术是在行政命令的体制下产生的，民用技术始终没有大的发展，也没有很好地转化为生产力，是一种畸形的结构。

《时代周报》：面对美国的打压，中国经济的开放水平要如何提高？

郑永年：十八大重申了扩大开放的决心，这是中国政治领导层智慧和理性的体现，也是为了防止中国再次陷入"明朝陷阱"。

明朝时，郑和下西洋，中国的国家能力是世界上最强的。那时候海洋时代还没开始，葡萄牙、西班牙的船，根本没法和明朝的舰队相比。如果明朝的意识形态不保守，海洋时代还是属于中国的。但明清选择"闭关锁国"，直至爆发鸦片战争，中国被西方用枪炮打开了大门，我们因此失去了一个海洋时代。

而当时的世界霸主英国之所以能够称霸近 200 年，就在于它采取了"单边开放"的政策。所谓"单边开放"，就是你不向我开放没关系，我向你开放，这才使得英国会强势那么长时间。

在确保国家利益的前提下，你黑暗，我要更光明；你保守，我要更开放。

做大中产阶层

《时代周报》：你之前多次指出，要用"大国心态"看美国，如何理解？

郑永年：刚才提到，现在中美之间的问题更多是政治问题。20 世纪 60 年代中美之间的问题是政治问题，90 年代是政治问题，现在同样是政治问题。对于这些，我们要头脑冷静、立场客观，尤其不要搞民粹主义，要始终保持开放的态度看待美国，这才是大国心态。保持这种心态，中国就能打造一个更大的开放格局，国力变得更强大。

民族主义不可避免，中国也需要民族主义，但不是非理性的民族主义。第二次世界大战告诉我们，非理性的民族主义像德国、日本，都走了一条错误的道路。因此决策还是需要理性，制定政策的时候还是要实事求是，不能被意识形态左右决策，不能被情绪左右决策。

一旦民粹主义兴起，最直接的影响就是"骂回去"，但"骂回去"的同时，我们就已经落入到西方设定的话语议程，陷入到别人给中国设好的圈套之中。

但值得庆幸的是，虽然国内社会的确存在非理性民族主义和民粹主义情绪，但中国毕竟存在一个强有力的、对时局保持清醒头脑的领导集团。

《时代周报》：如何才能更好地培育"大国心态"？

郑永年：孟子曾经说过一句话，叫"有恒产者有恒心"。要想不落进民粹主义的圈套里，中产阶级的强大非常必要。

我们可以用美国来举一个例子。以前美国可以说自己是"中产社会"，"二战"后，美国中产阶层比例最高时达到70%，现在则是"富豪社会"，今天，美国中产阶层连50%都不到。奥巴马当政8年，美国中产阶层规模每年减少1%。在这样的情况下，底层得不到好处，中产越来越少，民粹主义自然抬头。

反观中国，虽然改革开放40年取得了伟大的成绩，但中国距离一个富裕社会仍有不少距离：中国的人均GDP刚超过1万美元，而美国、新加坡人均都已经超过6.5万美元了。同时，中国中产阶层占总人口的30%，而当年日本和亚洲"四小龙"经济起飞后，20—30年时间内就把中产阶层扩大到了70%。

在一个社会里，当中产阶层很强大的时候，就容易达成共识：如果中产阶层不壮大，社会就很难稳定；中产阶层不壮大，消费社会就很难建立起来，即使建立起来也很难持续发展；中产阶层不壮大，法治社会就无从谈起，因为中产阶层最需要法治。

因此，要让中国强大，不需要那么多豪言壮语，只要一个指标：把中产阶层做大。

图书在版编目（CIP）数据

有限全球化：世界新秩序的诞生 / 郑永年著 . —北京：东方出版社，2021.5
ISBN 978-7-5207-1737-3

Ⅰ . ①有… Ⅱ . ①郑… Ⅲ . ①全球化－研究 Ⅳ . ① C913

中国版本图书馆 CIP 数据核字（2020）第 227457 号

有限全球化：世界新秩序的诞生

（ YOUXIAN QUANQIUHUA ： SHIJIE XIN ZHIXU DE DANSHENG ）

作　　者：郑永年
责任编辑：刘　峥
出　　版：东方出版社
发　　行：人民东方出版传媒有限公司
地　　址：北京市西城区北三环中路 6 号
邮　　编：100120
印　　刷：北京联兴盛业印刷股份有限公司
版　　次：2021 年 5 月第 1 版
印　　次：2021 年 5 月第 1 次印刷
开　　本：710 毫米 ×1000 毫米　1/16
印　　张：15.75
字　　数：190 千字
书　　号：ISBN 978-7-5207-1737-3
定　　价：56.00 元
发行电话：（010）85924663　85924644　85924641
